中华人民共和国推荐性行业标准

公路大件运输安全通行评价技术规范

Technical Specifications for Highway Transport Safety Audit of Abnormal Indivisible Load

JTG/T 2213—2023

主编单位：同济大学
批准部门：中华人民共和国交通运输部
实施日期：2023 年 12 月 01 日

人民交通出版社股份有限公司
北京

律师声明

本书所有文字、数据、图像、版式设计、插图等均受中华人民共和国宪法和著作权法保护。未经人民交通出版社股份有限公司同意，任何单位、组织、个人不得以任何方式对本作品进行全部或局部的复制、转载、出版或变相出版。

本书封面贴有配数字资源的正版图书二维码，扉页前加印有人民交通出版社股份有限公司专用防伪纸。任何侵犯本书权益的行为，人民交通出版社股份有限公司将依法追究其法律责任。

有奖举报电话：(010) 85285150

北京市星河律师事务所
2020 年 6 月 30 日

图书在版编目（CIP）数据

公路大件运输安全通行评价技术规范：JTG/T 2213—2023 / 同济大学主编. — 北京：人民交通出版社股份有限公司, 2023.10

ISBN 978-7-114-18523-6

Ⅰ.①公… Ⅱ.①同… Ⅲ.①长大货物运输—交通运输安全—规范 Ⅳ.①U492.8-65

中国国家版本馆 CIP 数据核字（2023）第 006626 号

标准类型：中华人民共和国推荐性行业标准
标准名称：公路大件运输安全通行评价技术规范
标准编号：JTG/T 2213—2023
主编单位：同济大学
责任编辑：王海南
责任校对：赵媛媛
责任印制：张　凯
出版发行：人民交通出版社股份有限公司
地　　址：(100011) 北京市朝阳区安定门外外馆斜街 3 号
网　　址：http://www.ccpcl.com.cn
销售电话：(010) 59757973
总 经 销：人民交通出版社股份有限公司发行部
经　　销：各地新华书店
印　　刷：北京市密东印刷有限公司
开　　本：880×1230　1/16
印　　张：6
字　　数：146 千
版　　次：2023 年 10 月　第 1 版
印　　次：2023 年 10 月　第 1 次印刷
书　　号：ISBN 978-7-114-18523-6
定　　价：60.00 元

(有印刷、装订质量问题的图书，由本公司负责调换)

ns.

中华人民共和国交通运输部

公 告

第 46 号

交通运输部关于发布《公路大件运输安全通行评价技术规范》的公告

现发布《公路大件运输安全通行评价技术规范》（JTG/T 2213—2023），作为公路工程推荐性行业标准，自 2023 年 12 月 1 日起施行。

《公路大件运输安全通行评价技术规范》（JTG/T 2213—2023）的管理权和解释权归交通运输部，日常管理和解释工作由主编单位同济大学负责。

请各有关单位注意在实践中总结经验，及时将发现的问题和修改建议函告同济大学（地址：上海市曹安公路 4800 号通达馆 A665，邮政编码：201804）。

特此公告。

中华人民共和国交通运输部
2023 年 9 月 14 日

交通运输部办公厅　　　　　　　　　　　　　　　2023 年 9 月 15 日印发

前　言

根据《交通运输部关于下达 2019 年度公路工程行业标准制修订项目计划的通知》（交公路函〔2019〕427 号）的要求，由同济大学作为主编单位，承担《公路大件运输安全通行评价技术规范》（以下简称"本规范"）的制定工作。

本规范系统总结了我国公路大件运输管理及评价技术经验，借鉴了国内外相关标准和技术成果，以"服务大局、规范管理、衔接融合、安全发展"为指导，为公路大件运输安全通行评价提供技术指导。

本规范包括 11 章和 5 个附录，分别是：1 总则，2 术语，3 基本规定，4 路线，5 平面交叉，6 立体交叉，7 桥梁，8 路基路面，9 隧道，10 交通工程及沿线设施，11 交通组织与应急预案，附录 A 评价报告及封面与扉页式样，附录 B 空间可通行性验算法，附录 C 空间可通行性仿真法，附录 D 车辆荷载效应对比法，附录 E 路面结构承载力验算法。

本规范由郭忠印、唐铮铮负责起草第 1、2 章，阎莹负责起草第 3 章，李振江、宋灿灿负责起草第 4 章，房锐、李薇负责起草第 5 章，周建负责起草第 6 章，马如进负责起草第 7 章及附录 D，丛林负责起草第 8 章及附录 E，李振江、万利负责起草第 9 章，唐铮铮负责起草第 10 章，宋灿灿负责起草第 11 章，宋灿灿、杨涛负责起草附录 A，宋灿灿、胡磊负责起草附录 B，胡澄宇、李薇负责起草附录 C。

请各有关单位在执行过程中，将发现的问题和意见函告本规范日常管理组，联系人：郭忠印（地址：上海市曹安公路 4800 号通达馆 A665，同济大学，邮编：201804；电话：021-69585723；传真：021-69583712；电子邮箱：zhongyin@ tongji.edu.cn），以便修订时参考。

主　编　单　位：同济大学
参　编　单　位：交通运输部公路科学研究院
　　　　　　　　四川省交通运输厅公路局
　　　　　　　　陕西省公路局
　　　　　　　　长安大学
　　　　　　　　山东省交通规划设计院集团有限公司
　　　　　　　　云南省交通规划设计研究院有限公司

主　　　　　编：郭忠印
主要参编人员：唐铮铮　房　锐　李振江　马如进　阎　莹　宋灿灿

　　　　　　　　胡澄宇　丛　林　李　薇　周　建　胡　磊　杨　涛
　　　　　　　　万　利

主　　　　审：廖朝华
参与审查人员：顾志峰　于　光　贺志高　刘　硕　陈　冉　刘子剑
　　　　　　　何　宇　程海龙　张柱庭　张文彪　谢　峻　温学钧
　　　　　　　张　诚　杨永顺　沈国华　冯学斌　韩万水　王永平
　　　　　　　谭　斌　杨振星　李雪映　李轶舜　鲁圣弟　赵君黎
　　　　　　　黄　航

参 加 人 员：张　帆　张　娱　魏攀一　张常勇　杨　轸　单景松
　　　　　　　张梦鸽　荆迪菲　吕　路　史佳晨　牛　童　朱本成
　　　　　　　张　力

目　次

1 总则 ··· 1
2 术语 ··· 2
3 基本规定 ·· 4
　3.1 总体要求 ··· 4
　3.2 大件运输车辆分类与大件运输分级 ·· 5
　3.3 评价对象 ··· 9
　3.4 评价流程 ··· 9
4 路线 ··· 11
　4.1 一般规定 ··· 11
　4.2 横断面 ·· 11
　4.3 平面 ··· 12
　4.4 纵断面 ·· 20
　4.5 视距 ··· 21
　4.6 评价方法 ··· 22
5 平面交叉 ·· 27
　5.1 一般规定 ··· 27
　5.2 转弯与连续转弯 ·· 27
　5.3 视距 ··· 33
　5.4 评价方法 ··· 34
6 立体交叉 ·· 39
　6.1 一般规定 ··· 39
　6.2 连接部 ·· 39
　6.3 匝道 ··· 40
　6.4 上跨桥 ·· 40
　6.5 评价方法 ··· 41
7 桥梁 ··· 47
　7.1 一般规定 ··· 47
　7.2 荷载作用 ··· 47
　7.3 评价方法 ··· 50
　7.4 结构监测 ··· 53

— 1 —

8 路基路面	54
8.1 一般规定	54
8.2 路面承载力	55
8.3 路堤支挡结构及填方路基稳定性	55
8.4 评价方法	56
9 隧道	58
9.1 一般规定	58
9.2 空间可通行性	58
9.3 结构可通行性	59
10 交通工程及沿线设施	60
11 交通组织与应急预案	61
附录A 评价报告及封面与扉页式样	62
附录B 空间可通行性验算法	67
附录C 空间可通行性仿真法	79
附录D 车辆荷载效应对比法	80
附录E 路面结构承载力验算法	83
本规范用词用语说明	87

1 总则

1.0.1 为规范公路大件运输的安全通行评价技术，制定本规范。

1.0.2 本规范适用于公路大件运输通行高速公路、一级公路、二级公路、三级公路及四级公路的安全性评价。

条文说明

1.0.1、1.0.2 本规范是针对大件运输安全通行既有公路的路线、结构物、路基路面、交通工程及沿线设施等进行评价的技术规范。本规范中提出的评价内容、评价方法、技术要求等可以为公路大件运输安全通行的管理提供技术支撑。

1.0.3 公路大件运输安全通行的评价宜采用信息化技术。

1.0.4 公路大件运输安全通行评价除应符合本规范的规定外，尚应符合国家和行业现行有关强制性标准的规定。

2 术语

2.0.1 总长度 total length
车货总体的最前端至最后端的总纵向长度，包括货物和货物防护装置等。

2.0.2 总宽度 total width
车货总体的总横向宽度，包括货物和货物防护装置等。

2.0.3 总高度 total height
车货总体从地面至最高点的总垂直距离，包括货物和货物防护装置等。

2.0.4 总质量 total weight
车辆或车辆组合的质量与车辆所载货物的质量之和。

2.0.5 大件运输 transport of abnormal indivisible load
载运不可解体物品，且车货的总长度、总宽度、总高度、总质量符合《超限运输车辆行驶公路管理规定》（交通运输部令2021年第12号）中规定的超限运输。

2.0.6 车货总体外廓尺寸 outercontour of vehicle and goods
车货总体的外轮廓尺寸，包括总长度、总宽度和总高度。

2.0.7 轴荷 axle-load
单根车轴实际承载的总质量。

2.0.8 几何空间 geometric space
公路建筑限界以内空间及建筑限界以外无障碍物空间所限定的立体空间。

2.0.9 可通行性 highway accessibility
公路几何空间及结构物承载能力等限制条件下，大件运输通行公路的可行性。

2.0.10 扫空间 swept space
大件运输车按一定的速度和轨迹行驶时，车货总体扫过的连续空间。

2.0.11 转弯通道宽度 turning aisle width

车货总体按一定的速度转弯时,大件运输车轮胎扫过空间的最大宽度。

2.0.12 扫空空间宽度 swept space width

大件运输车辆按一定的速度和轨迹行驶某一路段时,车货总体外轮廓扫过空间的最大宽度。

2.0.13 最大可通行速度 maximum allowable speed

受路线技术指标、视距或桥梁结构承载力等因素影响,大件运输通行条件受限的局部路段时,可采用的最大行驶速度。

3 基本规定

3.1 总体要求

3.1.1 公路大件运输安全通行评价应包括空间可通行性评价和结构可通行性评价。

3.1.2 公路大件运输安全通行评价宜采用查表法，超出查表范围的可采用验算法、仿真法等方法进行评价。

条文说明

3.1.1、3.1.2 空间可通行性评价是评价通行的公路几何空间是否满足大件运输车货总体的扫空空间要求，通过测算分析大件运输车的扫空空间是否超越由公路路线、交叉口、结构物、附属设施等技术指标所限定的几何空间进行评价。限制大件运输车辆通行空间的因素包括公路技术等级、路线技术指标、建筑限界、附属设施和路侧障碍物等，因此需要针对大件运输车辆通行公路的各类路段进行全面评价。

大件运输车辆会对公路结构物产生荷载作用。结构可通行性评价是评价公路的结构承载力是否满足大件运输车通过的荷载要求，通过测算分析通行公路的路基路面、桥梁及隧道等结构物的承载力是否满足大件运输通行要求进行评价。对大件运输总质量及轴载的通行限制取决于结构物的技术指标、现有质量状况等，因此需要评价大件运输能否安全通行运输线路上的各类公路结构物。

根据申请许可或委托评价的需求，对于尺寸超限的大件运输车辆只进行空间可通行性评价；对于质量超限的大件运输车辆只进行结构可通行性评价；对于尺寸和质量均超限的大件运输车辆，空间可通行性和结构可通行性均要进行评价。

查表法是指通过查询本规范中对应的表格直接评价通行大件运输的公路路线、平面交叉、立体交叉、路基路面、桥梁、隧道等的空间可通行性和结构可通行性。若通过查询本规范中的表格无法进行评价，推荐采用本规范中的验算法、仿真法等评价空间可通行性和结构可通行性。

3.1.3 对不满足安全通行要求的路段采取必要的措施后，应再次评价。

基本规定

条文说明

公路路线、交叉、收费站等不满足大件运输空间可通行要求，或路基路面、桥梁、隧道等不满足大件运输结构可通行要求时，可以根据实际情况采取逆行、倒车等特殊交通组织措施，或采取拆除、改造、加宽、加固等工程措施，采取措施或处理后路段需再次评价是否满足大件运输安全通行要求。

3.2 大件运输车辆分类与大件运输分级

3.2.1 大件运输车辆应包括大件运输牵引车和大件运输挂车。

3.2.2 按悬挂形式和结构形式，大件运输挂车可分为低平板半挂车、多轴多轮液压悬挂挂车和特殊组合液压悬挂挂车。按横向轴型布置方式，低平板半挂车可分为一线一轴、一线两轴等，多轴多轮液压悬挂挂车可分为单纵列、两纵列、三纵列、四纵列等。

条文说明

大件运输挂车分类参考了《大件运输专用车辆》（QC/T 1149—2021）中的分类。大件运输专用的低平板半挂车采用低货台结构，与牵引车的连接方式为半挂式，一般采用的是非液压悬挂形式，具有轴数少、牵引车车轴到挂车车轴的距离远等特点。液压悬挂挂车分为多轴多轮液压悬挂挂车和特殊组合液压悬挂挂车，两者都有液压悬挂系统，能够实现货台升降、液压牵引全轮转向和手控全轮转向功能，不同的是多轴多轮液压悬挂挂车具有多轮多轴且悬挂模块间无连接平台的特点，而特殊组合液压悬挂挂车主要是为了满足特殊大件和超级大件的运输要求，采用液压悬挂的模块单元车、附件及其他辅助设备等拼装组合而成的，包括凹式组合挂车、长货组合挂车和桥式组合挂车等。

轮轴是由轮胎、轮辋和车桥组成的一组机构。轴线则是垂直于液压挂车货台长度方向、可布置若干轮轴的中心线。纵列指在一根轴线上布置的轮轴个数。低平板半挂车常用几线几轴表示，多轴多轮液压悬挂挂车常用几纵列几轴线表示。

大件运输低平板半挂车和多轴多轮液压悬挂挂车的轴型分布如图3-1所示。

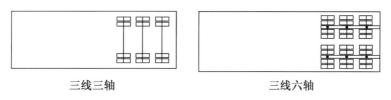

三线三轴　　　　　　三线六轴

a) 大件运输低平板半挂车轴型分布图

图 3-1

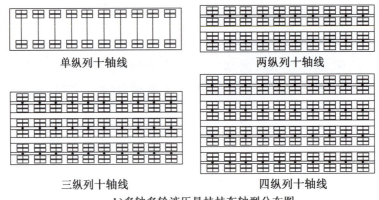

b) 多轴多轮液压悬挂挂车轴型分布图

图 3-1 大件运输低平板半挂车和多轴多轮液压悬挂挂车的轴型分布图

3.2.3 按组合方式和挂车类别，大件运输车辆可分为牵引车+低平板半挂车、牵引车+多轴多轮液压悬挂挂车、牵引车+特殊组合液压悬挂挂车等。

条文说明

常见的牵引车+低平板半挂车一般采用半挂式牵引，牵引车+多轴多轮液压悬挂挂车、牵引车+特殊组合液压悬挂挂车常采用半挂牵引式或者全挂牵引式。

根据四川、陕西、新疆、辽宁、上海、山东、山西、云南等省（区、市）的实地调研，当货物质量较大时，通常采用牵引车+多轴多轮液压悬挂挂车的组合方式，这种组合越来越成为大件运输行业的主流形式。牵引车+特殊组合液压悬挂挂车主要根据不同大件尺寸、质量和特殊要求拼装组合而成，组合形式多样，无固定的车型与结构。

常见大件运输车辆组合类型的简化图如图3-2所示。

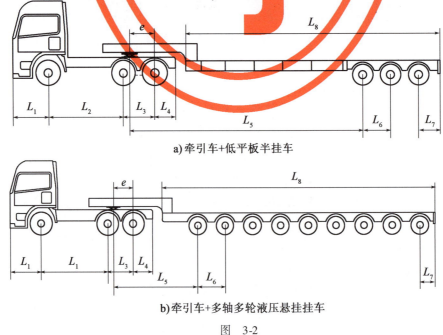

a) 牵引车+低平板半挂车

b) 牵引车+多轴多轮液压悬挂挂车

图 3-2

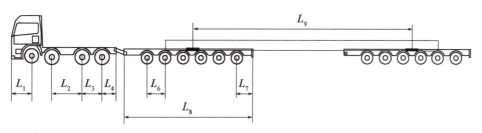

c) 牵引车+特殊组合液压悬挂挂车

图 3-2 常见大件运输车辆组合类型的简化图

L_1-牵引车前悬；L_2、L_3-牵引车轴距；L_4-牵引车后轴轴线至牵引车后端的距离；e-牵引销中心线至牵引车后轴轴线的偏置距；L_5-牵引销中心线至挂车第一轴轴线的距离；L_6-挂车轴距；L_7-挂车后悬；L_8-挂车长度；L_9-框架与前后挂车连接点的距离，框架指连接货台、连接梁和承载梁

注：图 a) 和图 b) 中采用的是半挂牵引式；图 c) 中采用的是全挂牵引式。

3.2.4 根据车货总体外廓尺寸，大件运输可按表 3.2.4 的规定分为五级。

表 3.2.4 基于车货总体外廓尺寸的大件运输分级

大件运输分级	总宽度（m）	总长度（m）		总高度（m）
		牵引车 + 低平板半挂车	牵引车 + 多轴多轮液压悬挂挂车	
$A_{尺寸}$	(2.55, 3.00]	≤17	≤22	(4.00, 4.50]
$B_{尺寸}$	(3.00, 3.50]	(17, 22]	(22, 31]	(4.00, 4.50]
$C_{尺寸}$	(3.50, 3.75]	(22, 30]	(31, 41]	(4.00, 4.50]
$D_{尺寸}$	(3.75, 4.50]	(30, 35]	(41, 45]	(4.50, 5.00]
$E_{尺寸}$	>4.50	>35	>45	>5.00

注：1. 当按车货总体的总长度、总宽度和总高度确定的大件运输分级不同时，取最高级别。

2. 分级中不包括牵引车 + 特殊组合液压悬挂挂车，因为该类车辆尺寸与转向特征多样，无法确定统一的满足空间可通行性要求的车辆长度。

条文说明

基于车货总体外廓尺寸的大件运输分级主要用于评价公路大件运输的空间可通行性。

本规范中的大件运输定义采用了《超限运输车辆行驶公路管理规定》（交通运输部令 2021 年第 12 号）中的超限运输车辆总尺寸和总质量的界定；表 3.2.4 中的分级是在大件运输的范围内对尺寸又进行了细分，采用本规范中的方法对大件运输外廓尺寸进行了新的分级；表中的总高度、部分总宽度等级的上下限值参考了《超限运输车辆行驶公路管理规定》（交通运输部令 2021 年第 12 号）。

（1）总宽度

《超限运输车辆行驶公路管理规定》（交通运输部令 2021 年第 12 号）中对超限运输车辆的总宽度界限是 2.55m，故 $A_{尺寸}$ 级运输的下限取 2.55m。《公路工程技术标准》（JTG B01—2014）规定四级公路车道宽度为 3.00m，且无硬路肩，所以 $A_{尺寸}$ 级运输的上限取3.00m。三级公路车道宽度最小值为3.25m，双向车道宽度为3.25m×2 = 6.50m；根据新疆、云南、江苏、四川、河南、陕西等省（区、市）的大件运输统计数据，宽度为3.50m大件运输车辆占比最大；当3.50m大件车辆通行三级公路时，剩余车道宽度为3.00m，可供其他车辆通行，故$B_{尺寸}$级运输上限取3.50m。设计速度为60km/h二级公路车道宽度+右侧硬路肩宽度最小值为3.50m+0.25m=3.75m，故$C_{尺寸}$级运输的上限取3.75m。设计速度为80km/h的二级公路车道宽度+右侧硬路肩最小值为3.75m+0.75m=4.50m，故$D_{尺寸}$级运输的上限取4.50m。

（2）总长度

根据车辆总宽度分级和《公路工程技术标准》（JTG B01—2014）中的公路几何线形技术指标的极限值，按空间可通行的要求反算出不同等级、不同设计速度条件下可允许通过的大件运输车辆总长度，综合考虑平曲线和竖曲线的空间可通行性确定总长度分级阈值。

（3）总高度

《超限运输车辆行驶公路管理规定》（交通运输部令2021年第12号）中超限运输车辆的总高度界限值为4.00m，所以$A_{尺寸}$级运输的下限取4.00m。《公路工程技术标准》（JTG B01—2014）规定三级公路、四级公路的净高应为4.50m，高速公路、一级公路、二级公路的净高应为5.00m；依据该规定，$A_{尺寸}$级、$B_{尺寸}$级和$C_{尺寸}$级运输的上限取4.50m，$D_{尺寸}$级运输的上限取5.00m。

3.2.5 根据车货总体最大轴荷，大件运输可按表3.2.5的规定分为五级。

表3.2.5 基于车货总体最大轴荷的大件运输分级

大件运输分级	最大轴荷（t）	大件运输分级	最大轴荷（t）
$A_{质量}$	≤8	$D_{质量}$	(14, 18]
$B_{质量}$	(8, 10]	$E_{质量}$	(18, 20]
$C_{质量}$	(10, 14]		

条文说明

基于车货总体最大轴荷的大件运输分级主要用于评价公路大件运输的路基路面的结构可通行性。

参照《超限运输车辆行驶公路管理规定》（交通运输部令2021年第12号）中对不同轴数的大件运输车辆车货总质量下限的规定，计算所得范围在7.5~9t之间，故$A_{质量}$级运输上限取8t；按本规范附录E对常用沥青路面结构所能承载的大件运输车辆轴载进行计算，发现当轴荷在10t以下时，高速公路和一级公路均可通行，当轴荷超过14t时，大件运输车辆是否可通行需根据实际路面结构进行验算。故$B_{质量}$级运输和$C_{质量}$级运输上限取值分别为10t和14t；$D_{质量}$级运输参照《超限运输车辆行驶公路管理规定》（交通运输部令2021年第12号）中对大件运输车辆平均轴荷不超过18t取值；$E_{质量}$级运输参照《超限运输车辆行驶公路管理规定》（交通运输部令 2021 年第 12 号）中对大件运输车辆最大轴荷不超过 20t 取值。

基于车货总体最大轴荷的大件运输分级与基于车货总体外廓尺寸的大件运输分级不存在对应关系，如一辆大件运输车可以为 $A_{尺寸}$ 级与 $D_{质量}$ 级。

3.3 评价对象

3.3.1 公路大件运输安全通行的空间可通行性评价应包括路线、平面交叉、立体交叉、桥梁、隧道、交通工程及沿线设施等内容。

3.3.2 公路大件运输安全通行的结构可通行性评价应包括桥梁、路基路面、底板有特殊要求的隧道等内容。

3.4 评价流程

3.4.1 公路大件运输安全通行评价可按资料收集、空间可通行性评价、结构可通行性评价、交通组织与应急预案评价等步骤进行。公路大件运输安全通行评价流程如图 3.4.1 所示。

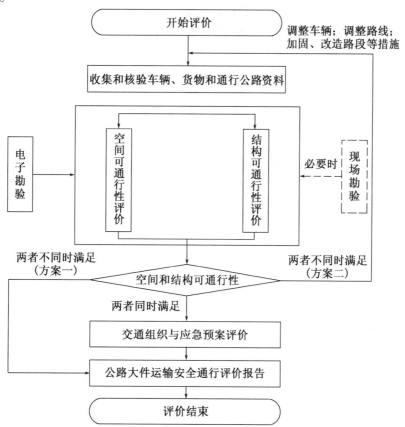

图 3.4.1 公路大件运输安全通行评价流程图

3.4.2 公路大件运输安全通行评价应收集和核验下列资料：
   1 车辆的资料，包括轴数、轴距、轮距、驱动方式、功率、转向方式、胎压等。
   2 大件的资料，包括几何尺寸、重心位置等。
   3 车货总体的资料，包括几何尺寸、总质量、重心、轴载及轴载分布、转弯半径、运输装载图等。
   4 通行的公路资料，包括竣工资料、建成通车后最近一年以来的养护资料、实际技术状况资料等。

3.4.3 公路大件运输安全通行评价必要时可进行现场勘验，现场勘验宜采集下列信息：
   1 路基路面、桥梁、隧道等的损坏状况和技术现状。
   2 路线、交叉口、桥梁、隧道、收费站等的通行条件。

3.4.4 公路大件运输安全通行评价方式应符合下列规定：
   1 已掌握公路限高、限宽、限长、限载、技术状况等数据时，可采用电子勘验的方式进行评价。
   2 大件运输拟通行路线的基础数据获取困难时，宜采用现场勘验方式进行评价。

3.4.5 根据需要可形成公路大件运输安全通行评价报告。报告结论应明确公路大件运输是否满足安全通行的要求。报告内容、封面及扉页式样等可按本规范附录 A 的规定执行。

条文说明

   公路大件运输安全通行评价报告是审批大件运输、判定通行大件运输的公路安全性、实施运输方案的重要依据；评价报告包括通行大件运输的公路路线、平面交叉、立体交叉、桥梁、路基路面、隧道、交通工程及沿线设施、交通组织与应急预案等内容的评价过程和结果，并给出是否可以安全通行的结论。

4 路线

4.1 一般规定

4.1.1 路线可通行性评价应包括横断面、平面、纵断面、视距等内容。

4.1.2 公路大件运输安全通行评价宜采用初步设定的可通行速度。

条文说明

　　大件运输具有多样性，通行速度差异大。评价时采用的初步的设定的可通行速度，一般为大件运输承运企业根据其运输经验建议的速度或评价单位根据其技术经验初步设定的速度。

4.2 横断面

4.2.1 大件运输车货总体外廓边缘与护栏等设施或与任何障碍物之间的预留空间宜符合下列规定：
　　1 高速公路、一级公路、二级公路，不宜小于0.5m。
　　2 三级公路、四级公路，不宜小于0.25m。

条文说明

　　大件运输外廓边缘与护栏等设施或与任何障碍物之间的预留空间要求与通行速度有关，高速公路、一级公路、二级公路车辆通行速度高，预留空间的要求相对较高，三级公路、四级公路通行速度较低，预留空间的要求相对较小。预留空间阈值的确定征求了大件运输企业意见，并参考了驾乘人员通行经验。

4.2.2 大件运输通行路线的横向空间应满足总宽度要求，横向空间宽度计算应符合下列规定：
　　1 采用物理隔离设施分隔对向车道的，横向空间宽度应依次优先选择同向路缘带、硬路肩、行车道，必要时可借用对向通行空间。
　　2 采用划线分隔对向车道的，横向空间宽度可包括硬路肩、双向的行车道。

条文说明

基于可通行性原则，制定了横向空间宽度的计算条件。借用对向通行空间对周边交通会产生更大的影响。设置对向交通分隔设施的公路，运输距离长时拆除与恢复的费用较高，经济性差；借用对向通行空间需间断放行对向车辆，严重影响通行效率；借对向通行空间存在车辆正向碰撞的风险，容易形成严重程度高的事故。

4.3 平面

4.3.1 圆曲线路段的空间可通行性应根据圆曲线半径、大件运输车辆类型、转向性能、车货总体外廓尺寸等进行评价，并应符合下列规定：

1 牵引车+低平板半挂车、牵引车+多轴多轮液压悬挂挂车的大件运输，圆曲线路段的空间可通行性评价可采用查表法；当大件运输车辆通行路线的圆曲线半径与通行空间宽度均大于表 4.3.1 的数值时，满足空间可通行性要求。

表 4.3.1　圆曲线可通行性

大件运输分级	最小半径（m）	最大扫空空间宽度（m）
A$_{尺寸}$	11	8.6
B$_{尺寸}$	15	11.2
C$_{尺寸}$	22	17.7
D$_{尺寸}$	28	20.2
E$_{尺寸}$	—	—

2 圆曲线半径或通行空间宽度小于或等于表 4.3.1 的数值时，牵引车+低平板半挂车、牵引车+多轴多轮液压悬挂挂车的大件运输，可按本规范第 B.1 节的方法计算转弯通道宽度和扫空空间宽度，符合下列规定时满足空间可通行性要求：

1）转弯通道宽度应小于路面宽度。

2）扫空空间宽度应小于横向空间宽度。有圆曲线加宽时，横向空间宽度应包括圆曲线加宽。

3 可按本规范附录 C 的仿真法评价圆曲线路段的空间可通行性。

条文说明

圆曲线半径、车辆类型、转向性能和车货总体外廓尺寸等影响平曲线的可通行性。表 4.3.1 根据大件运输车辆转弯轨迹模拟，确定了不同等级大件运输可通行的最小转弯半径与最大扫空空间宽度，表 4.3.1 是按 5km/h 的速度计算得到的。图 4-1 中低平板半挂车后轴无液压助力转向功能，多轴多轮液压悬挂挂车各轴均具备液压助力转向功能。

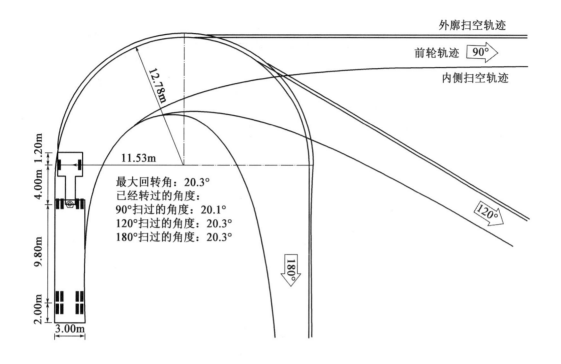

a) A$_{尺寸}$级运输-牵引车+低平板半挂车

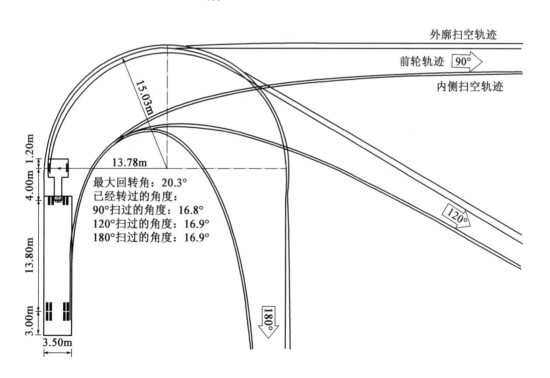

b) B$_{尺寸}$级运输-牵引车+低平板半挂车

图 4-1

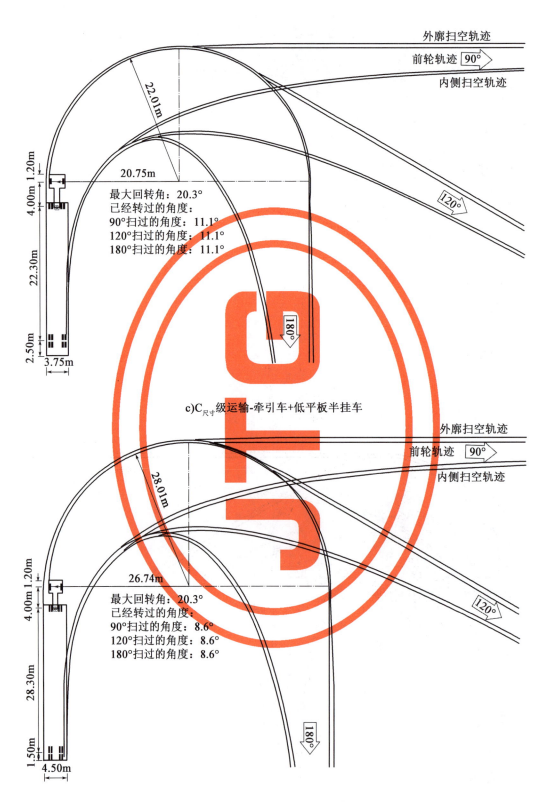

c) $C_{尺寸}$ 级运输-牵引车+低平板半挂车

d) $D_{尺寸}$ 级运输-牵引车+低平板半挂车

图 4-1

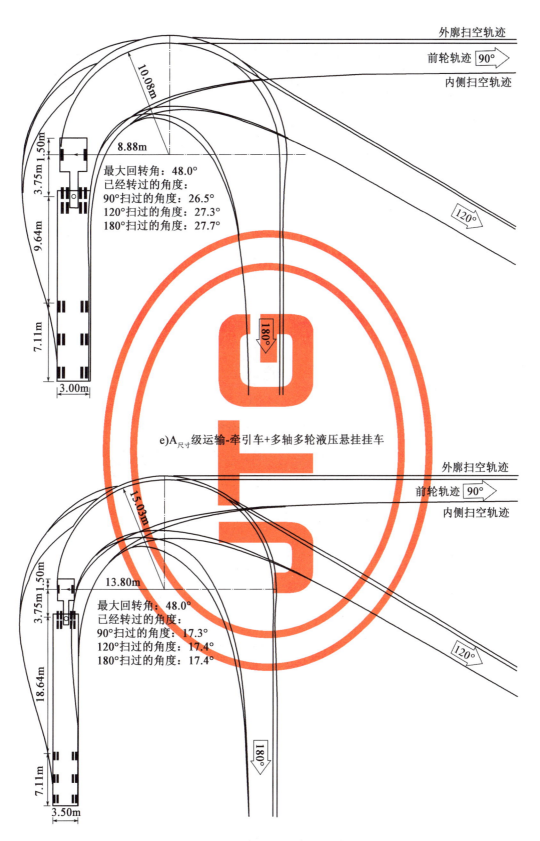

图 4-1

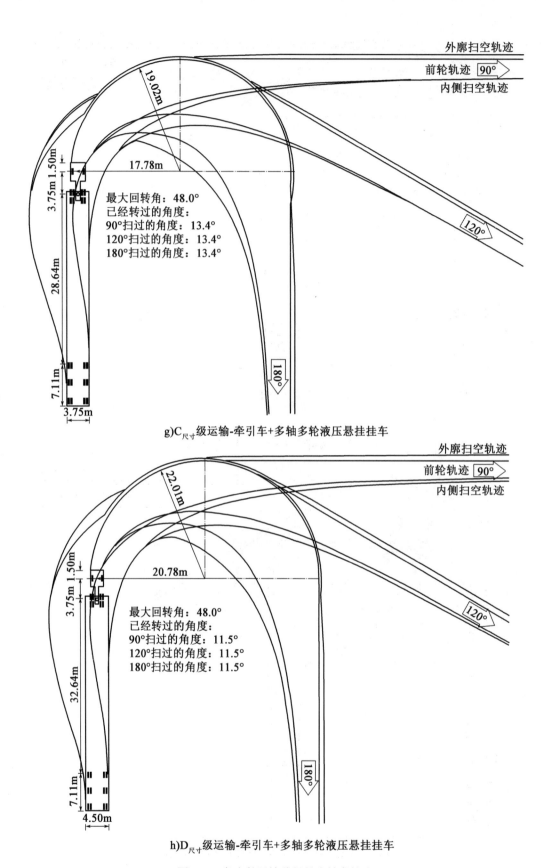

g) $C_{尺寸}$级运输-牵引车+多轴多轮液压悬挂挂车

h) $D_{尺寸}$级运输-牵引车+多轴多轮液压悬挂挂车

图 4-1 各大件运输分级最小转弯轨迹

本规范第 3.2.3 条将大件运输车辆分为牵引车+低平板半挂车、牵引车+多轴多轮液压悬挂挂车、牵引车+特殊组合液压悬挂挂车三种。本规范第 B.1 节分别规定了牵引车+低平板半挂车、牵引车+多轴多轮液压悬挂挂车在平曲线路段的空间可通行性验算法，该评价模型针对的是平曲线路段横向空间的可通行性。鉴于牵引车+特殊组合液压悬挂挂车的组合形式与转向特征的多样性，难以归纳为一致的计算模型，可采用仿真法。

根据《公路工程技术标准》（JTG B01—2014）规定的横断面线形技术指标，分别计算了不同技术等级公路的横向空间宽度；计算过程中按高度进行分级以考虑建筑限界顶角的限制，选择的高度分界点是大件运输车辆分级的分界点。高速公路与一级公路分离式路基横断面设有左侧硬路肩，其横向空间宽度高于本规定，因此仅计算了整体式路基横断面的横向空间宽度。按空间可通行性要求，横向宽度计算值见表 4-1 ~ 表 4-7。计算表中的横向空间宽度未考虑与护栏等设施或任意障碍物之间的距离，表中第 1 类加宽、第 2 类加宽、第 3 类加宽取自《公路路线设计规范》（JTG D20—2017）的表 7.6.1。

表 4-1　双向四车道高速公路与一级干线公路单向横向空间宽度

	设计速度（km/h）		120	100	80
计算条件	车道宽度（m）		3.75	3.75	3.75
	硬路肩宽度（m）	最小值	1.50	1.50	1.50
		一般值	2.50	2.50	2.50
		一般值	3.00	3.00	3.00
	左侧路缘带与余宽宽度（m）[a]	最小值	1.00	0.75	0.75
		一般值	1.25	1.00	0.75
横向空间宽度[b]（m）	高度小于 4.0m	最小值（硬路肩 1.5m）	10.00	9.75	9.75
		一般值（硬路肩 2.5m）	11.25	11.00	10.75
		一般值（硬路肩 3.0m）	11.75	11.50	11.25
	高度小于 4.5m	最小值（硬路肩 1.5m）	9.00	8.88	8.88
		一般值（硬路肩 2.5m）	10.25	10.00	9.88
		一般值（硬路肩 3.0m）	10.75	10.50	10.38
	高度小于 5.0m	最小值（硬路肩 1.5m）	8.00	8.00	8.00
		一般值（硬路肩 2.5m）	9.25	9.00	9.00
		一般值（硬路肩 3.0m）	9.75	9.50	9.50

注：[a] 高速公路、一级干线公路的左侧路缘带与余宽均在建筑限界内，因此计算过程中将其合并取值。
　　[b] 横向空间宽度是由行车道宽度、硬路肩、左侧路缘带与余宽的最小值求和计算后扣除建筑限界顶角影响值得到。

表 4-2　双向四车道一级集散公路单向横向空间宽度

计算条件		设计速度（km/h）	80	60
		车道宽度（m）	3.75	3.50
	硬路肩宽度（m）	最小值	0.75	0.25
		一般值	1.50	0.75
	左侧路缘带与余宽宽度		0.75	0.75
横向空间宽度（m）	高度小于4.0m	极限值	9.00	8.00
		一般值	9.75	8.50
	高度小于4.5m	极限值	8.25	7.50
		一般值	8.88	7.75
	高度小于5.0m	极限值	7.50	7.00
		一般值	8.00	7.00

表 4-3　设计速度 80km/h 的二级公路横向空间宽度

		圆曲线半径（m）	220	250	>250[a]
		第2类加宽值（m）	0.60	0.60	0.00
		第3类加宽值（m）	0.80	0.80	0.00
第2类加宽对应的横向空间宽度（m）	高度小于4.0m	极限值	9.60	9.60	9.00
		一般值	11.10	11.10	10.50
	高度小于4.5m	极限值	8.85	8.85	8.25
		一般值	10.10	10.10	9.50
	高度小于5.0m	极限值	8.10	8.10	7.50
		一般值	9.10	9.10	8.50
第3类加宽对应的横向空间宽度（m）	高度小于4.0m	极限值	9.80	9.80	9.00
		一般值	11.30	11.30	10.50
	高度小于4.5m	极限值	9.05	9.05	8.25
		一般值	10.30	10.30	9.50
	高度小于5.0m	极限值	8.30	8.30	7.50
		一般值	9.30	9.30	8.50

注：[a]《公路工程技术标准》（JTG B01—2014）规定二级公路可以设置慢车道，设置慢车道的二级公路若未设置对向物理隔离设施，则设置慢车道的二级公路的横向空间宽度比双向两车道二级公路的宽。对于设置物理隔离设施的二级公路，因未规定路缘带与余宽的数值，故未提出具体计算数值。

表 4-4　设计速度 60km/h 的二级公路横向空间宽度

圆曲线半径（m）	115	125	135	150	200	250	>250
第2类加宽值（m）	0.90	0.90	0.90	0.90	0.70	0.60	0.00
第3类加宽值（m）	1.50	1.50	1.50	1.50	1.00	0.80	0.00

续表4-4

第2类加宽对应的横向空间宽度（m）	高度小于4.0m	极限值	8.40	8.40	8.40	8.40	8.20	8.10	7.50
		一般值	9.40	9.40	9.40	9.40	9.20	9.10	8.50
	高度小于4.5m	极限值	8.15	8.15	8.15	8.15	7.95	7.85	7.25
		一般值	8.65	8.65	8.65	8.65	8.45	8.35	7.75
	高度小于5.0m	极限值	7.90	7.90	7.90	7.90	7.70	7.60	7.00
		一般值	7.90	7.90	7.90	7.90	7.70	7.60	7.00
第3类加宽对应的横向空间宽度（m）	高度小于4.0m	极限值	9.00	9.00	9.00	9.00	8.50	8.30	7.50
		一般值	10.00	10.00	10.00	10.00	9.50	9.30	8.50
	高度小于4.5m	极限值	8.75	8.75	8.75	8.75	8.25	8.05	7.25
		一般值	9.25	9.25	9.25	9.25	8.75	8.55	7.75
	高度小于5.0m	极限值	8.50	8.50	8.50	8.50	8.00	7.80	7.00
		一般值	8.50	8.50	8.50	8.50	8.00	7.80	7.00

表4-5 三级公路横向空间宽度

设计速度（km/h）	加宽类型（m）	圆曲线半径（m）											
		30	35	40	50	60	65	70	100	150	200	250	>250
	第1类加宽	1.50	1.30	1.30	1.30	0.90	0.90	0.90	0.70	0.60	0.50	0.40	0.00
	第2类加宽	—	2.00	2.00	2.00	1.50	1.50	1.50	1.20	0.90	0.70	0.60	
	第3类加宽	—	—	—	2.70	2.70	2.70	2.00	1.50	1.00	0.80		
30	第1类加宽	8.00	7.80	7.80	7.80	7.40	7.40	7.40	7.20	7.10	7.00	6.90	6.50
	第2类加宽	—	8.50	8.50	8.50	8.00	8.00	8.00	7.70	7.40	7.20	7.10	
	第3类加宽	—	—	—	9.20	9.20	9.20	8.50	8.00	7.50	7.30		
40	第1类加宽	—	—	8.30	8.30	7.90	7.90	7.90	7.70	7.60	7.50	7.40	7.00
	第2类加宽	—	—	9.00	9.00	8.50	8.50	8.50	8.20	7.90	7.70	7.60	
	第3类加宽	—	—	—	9.70	9.70	9.70	9.00	8.50	8.00	7.80		

注：三级公路、四级公路的横向空间宽度仅为车道宽度。

表4-6 双向两车道四级公路横向空间宽度

设计速度（km/h）	加宽类型（m）	圆曲线半径（m）													
		15	20	25	30	35	40	50	60	65	70	100	150	200	250	>250
	第1类加宽	2.20	2.20	1.80	1.50	1.30	1.30	1.30	0.90	0.90	0.90	0.70	0.60	0.50	0.40	0
	第2类加宽	—	—	—	2.00	2.00	2.00	1.50	1.50	1.50	1.20	0.90	0.70	0.60		
30	第1类加宽	—	—	8.00	7.80	7.80	7.80	7.40	7.40	7.40	7.20	7.10	7.00	6.90	6.50	
	第2类加宽	—	—	—	8.50	8.50	8.50	8.00	8.00	8.00	7.70	7.40	7.20	7.10		
20	第1类加宽	8.20	8.20	7.80	7.50	7.30	7.30	7.30	6.90	6.90	6.90	6.70	6.60	6.50	6.40	6.00
	第2类加宽	—	—	—	8.00	8.00	8.00	7.50	7.50	7.50	7.20	6.90	6.70	6.60		

表4-7 单车道四级公路横向空间宽度

设计速度（km/h）	加宽类型（m）	圆曲线半径（m）													
		15	20	25	30	35	40	50	60	65	70	100	150	200	250	>250
	第1类加宽	2.20	2.20	1.80	1.50	1.30	1.30	1.30	0.90	0.90	0.90	0.70	0.60	0.50	0.40	0
	第2类加宽	—	—	—	2.00	2.00	2.00	1.50	1.50	1.50	1.20	0.90	0.70	0.60	
30	第1类加宽	—	—	—	4.25	4.15	4.15	4.15	3.95	3.95	3.95	3.85	3.8	3.75	3.70	3.50
	第2类加宽	—	—	—	4.50	4.50	4.50	4.25	4.25	4.25	4.10	3.95	3.85	3.80	
20	第1类加宽	4.60	4.60	4.40	4.25	4.15	4.15	4.15	3.95	3.95	3.95	3.85	3.80	3.75	3.70	3.50
	第2类加宽	—	—	—	4.50	4.50	4.50	4.25	4.25	4.25	4.10	3.95	3.85	3.80	

4.3.2 平曲线超高路段应评价大件运输的车辆横向稳定性，可按本规范第B.2节的方法进行评价。

条文说明

横向稳定性指车辆在具有横向坡度的公路上转弯时，抵抗发生侧向滑移和侧向倾覆的能力。设置超高的平曲线路段，其超高影响大件运输车辆的横向稳定性。公路超高是根据设计速度设定的，大件运输车的通行速度一般低于公路的设计速度，导致大件运输车可能面临侧滑的行驶风险。此外，公路横坡直接引起车体倾斜，也是影响横向稳定性的主要因素。

4.4 纵断面

4.4.1 公路纵坡大于3%时，空间可通行性评价应符合下列规定：

1 上坡路段宜根据大件运输车辆的动力特性参数，按本规范第B.3节的方法评价牵引车在载重状态下的爬坡性能，评价是否满足空间可通行性要求。

2 大件运输通行的高速公路和一级公路，应根据车辆性能、载重情况、纵坡坡度及坡长等，按本规范第B.4节的方法对比牵引车在载重状态下的爬坡动力，分析大件运输车的爬坡性能，评价是否满足空间可通行性要求。行驶于上坡路段时，行驶至坡顶的速度不宜低于15km/h。如果在特殊情况下确需通行时，行驶至坡顶的速度也可适当降低。

条文说明

大件运输车辆在公路通行时，路线纵坡不大于3%的路段不受纵坡坡度和坡长限制，车辆能够正常通行，因此无须验算。当车辆在高速公路或一级公路的上坡路段通行时，如果车辆抵达上坡路段的末端行驶速度低于15km/h，通行速度较小，坡长较长时占用道路时间过长，对通行的其他车辆影响较大，尤其是重型车辆在上坡路段低挡低速通行，对道路路面损害严重，所以坡顶位置速度按15km/h进行控制。

4.4.2 竖曲线路段的空间可通行性评价应符合下列规定：

1 大件运输通过凸形竖曲线路段时不应产生顶起失效，通过凹形竖曲线路段时不应产生触头失效和托尾失效。可根据车辆最小离地间隙、竖曲线半径等参数评价凸形竖曲线路段顶起失效；可根据车辆外廓尺寸、纵坡差、竖曲线半径等参数评价凹形竖曲线路段触头失效和托尾失效。

2 通行竖曲线路段，大件运输车辆挂车离地垂直距离不应小于0.2m，牵引车车头离地垂直距离不宜小于0.1m，货物尾部离地垂直距离不宜小于0.1m。

3 公路上方设有跨线构造物的凹形竖曲线路段，应评价其有效净空，车货总体的顶部距跨线构造物底部（含所有设备）的距离不宜小于0.1m，不应小于0.05m。

4 可按本规范第B.5节的方法评价大件运输通过竖曲线路段时的顶起失效、触头失效、托尾失效和有效净空等。

条文说明

大件运输过程中，当车辆本身或车载货物底部碰到地面而被顶住时，称为顶起失效。当车辆本身或车载货物前部触及地面而不能通过时，称为触头失效。当车辆本身或车载货物尾部触及地面而不能通过时，称为托尾失效。

4.5 视距

4.5.1 大件运输车辆的停车视距应符合现行《公路工程技术标准》（JTG B01）的规定。

条文说明

根据陕西、新疆、上海、四川等省（区、市）的调研结果，大件运输车的牵引车品牌型号高度一致，主要为奔驰、沃尔沃、德龙、解放、东风、陕汽等，牵引车车头的高度介于3.242~3.970m之间，在《公路工程技术标准》（JTG B01—2014）规定的载重汽车、铰接列车的总高4m范围内。因此，大件运输车的停车视距按《公路工程技术标准》（JTG B01—2014）中货车停车视距的规定选取。表4-8中牵引车包括全挂牵引车与半挂牵引车。

表4-8 牵引车主要参数统计表

序号	长度（m）	宽度（m）	高度（m）	牵引形式	准牵引总质量（t）
1	8.65	2.500	3.970	6×6	334.7
2	7.110	2.800	3.760	8×8	—
3	9.370	2.500	3.960	8×8	500.0
4	8.400	2.500	3.960	6×6	400.0
5	9.370	2.500	3.960	8×8	300.0

续表 4-8

序号	长度（m）	宽度（m）	高度（m）	牵引形式	准牵引总质量（t）
6	8.400	2.500	3.960	6×6	300.0
7	8.561	2.850	3.714	8×8	290.0
8	7.867	2.850	3.714	6×6	290.0
9	8.013	2.500	3.513	6×6	250.0
10	7.570	2.484	3.242	6×4	230.0
11	7.417	2.850	3.714	6×6	230.0
12	7.117	2.483	3.714	6×6	230.0
13	7.417	2.500	3.714	6×6	240.0
14	6.810	2.400	3.300	6×4	150.0
15	6.895	2.496	3.859	—	—
16	7.060	2.500	3.700	—	—
17	8.561	2.850	3.714	8×8/4	—
18	7.560	2.550	3.850	—	—
19	6.950	2.490	3.560	—	—

对78家大件运输企业在运行过程中的视距控制条件进行了调查，其中不按停车视距控制的有6家，3家按固定数值控制，取值为100m与200m，3家认为停车视距应该适当提高，因为大件运输车不能紧急制动。在有护送的情况下，5家大件运输企业认为可以适当减少视距的数值。本规范采用了大多数大件运输企业采用的货车停车视距。

4.5.2 根据圆曲线路段停车视距条件，大件运输车的最大可通行速度可按本规范第B.6节的方法进行计算。

条文说明

平曲线内侧设置人工构造物或挖方边坡，中间带设置护栏、防眩设施的圆曲线路段均可能存在视距不足的问题。大件运输车超宽，横净距会相应地减少，因此要根据视距要求、实际横净距进行最大可通行速度的验算。若计算的最大可通行速度低于初步设定的可通行速度，则验算不通过。通常运输企业需要采用更低的行驶速度或更改路径。有的运输企业也采用护送通行的方式，或加宽路肩、中间带或移除构造物、设置交通安全设施等措施，保障停车视距。

4.6 评价方法

4.6.1 各级大件运输通行路线满足表4.6.1的要求时，满足空间可通行性要求。

表 4.6.1　路线空间可通行性

大件运输分级	可通行路线的公路等级
A$_{尺寸}$	高速公路、一级公路、二级公路、三级公路、四级公路
B$_{尺寸}$	高速公路、一级公路、二级公路、三级公路、设计速度为30km/h的四级公路
C$_{尺寸}$	高速公路、一级公路、二级公路、设计速度为40km/h的三级公路
D$_{尺寸}$	高速公路、一级公路、设计速度为80km/h的二级公路
E$_{尺寸}$	—

注：1. 表中适用公路的技术指标应符合《公路工程技术标准》（JTG B01—2014）的规定。
　　2. 表中的适用公路指主线。

条文说明

我国公路的建设标准不断更迭，表4.6.1提出的适用公路的技术指标依据《公路工程技术标准》（JTG B01—2014）制定。有些公路虽然不是依据《公路工程技术标准》（JTG B01—2014）建设，但其技术指标均高于《公路工程技术标准》（JTG B01—2014）的极限值时，表4.6.1依然适用。例如，A$_{尺寸}$级大件运输通行高速公路、一级公路、二级公路、三级公路与四级公路，且通行公路的技术指标满足《公路工程技术标准》（JTG B01—2014）要求的，通行公路的路线主线满足空间可通行性。

适用于表4.6.1的公路圆曲线最小半径和最小横向空间宽度如表4-9所示，取值均为《公路工程技术标准》（JTG B01—2014）规定的横断面宽度与圆曲线半径的极限值。

表 4-9　圆曲线极限最小半径和横向空间宽度取值

公路等级		高速公路			一级公路			二级公路		三级公路		四级公路	
设计速度（km/h）		120	100	80	100	80	60	80	60	40	30	30	20
圆曲线半径（m）		650	400	250	400	250	125	250	125	60	30	30	15
单车道宽度（m）		3.75	3.75	3.75	3.75	3.75	3.5	3.75	3.5	3.5	3.25	3.25	3
右侧硬路肩宽度（m）		1.5	1.5	1.5	1.5	1.5	0.25	0.75	0.25	0	0	0	0
横向空间宽度（m）	高度小于4.5m	9.000	8.875	8.875	8.875	8.250	7.500	8.850	8.150	7.900	8.000	8.000	8.200
	高度小于5m	8.000	8.000	8.000	8.000	7.500	7.000	8.100	7.900	7.900	8.000	8.000	8.200

注：圆曲线最小半径取值为最大超高8%对应的极限值。

适用于表4.6.1的公路竖曲线半径如表4-10所示，取值均为《公路工程技术标准》（JTG B01—2014）规定的竖曲线最小半径。

表 4-10　竖曲线半径取值

设计速度（km/h）	120	100	80	60	40	30	20
凸形竖曲线半径取值（m）	11 000	6 500	3 000	1 400	450	250	100
凹形竖曲线半径取值（m）	4000	3000	2000	1000	450	250	100

根据本规范第 B.1 节计算了满足表 4-9 的可通行车辆的最大车长，牵引车+低平板半挂车可通行的最大车长如表 4-11 所示，牵引车+多轴多轮液压悬挂挂车可通行的最大车长如表 4-12 所示。

表 4-11 牵引车+低平板半挂车可通行的最大车长（m）

车辆宽度 (m)	公路等级											
	高速公路			一级公路			二级公路		三级公路		四级公路	
	总高度小于 5.0m								总高度小于 4.5m			
	设计速度（km/h）											
	120	100	80	100	80	60	80	60	40	30	30	20
2.55	90	72	57	72	56	39	58	42	31	23	23	17
3.00	88	71	56	70	55	38	57	42	31	23	23	17
3.50	86	69	55	69	53	37	56	41	30	22	22	16
3.75	85	68	54	68	53	37	56	40	30	22	22	16
4.00	83	67	54	67	52	36	55	40	29	22	22	16
4.50	82	66	53	66	51	35	54	39	28	21	21	15

表 4-12 牵引车+多轴多轮液压悬挂挂车可通行的最大车长（m）

车辆宽度 (m)	公路等级											
	高速公路			一级公路			二级公路		三级公路		四级公路	
	总高度小于 5.0m								总高度小于 4.5m			
	设计速度（km/h）											
	120	100	80	100	80	60	80	60	40	30	30	20
2.55	152	121	96	121	90	61	96	67	47	33	33	25
3.00	143	118	93	118	89	58	93	65	45	33	33	22
3.50	138	112	89	112	84	55	90	62	42	31	31	22
3.75	136	107	84	107	81	51	86	59	41	30	30	22
4.00	134	104	84	104	76	50	84	58	39	28	28	20
4.50	124	102	76	102	70	45	78	53	38	27	27	19

根据本规范第 B.5 节计算了满足表 4-10 的可通行车辆的最大车长，牵引车+低平板半挂车可通行的最大车长如表 4-13 所示，牵引车+多轴多轮液压悬挂挂车可通行的最大车长如表 4-14 所示。

表 4-13 牵引车+低平板半挂车可通行的最大车长

设计速度（km/h）	120	100	80	60	40	30	20
凸形竖曲线半径（m）（极限值）	11 000	6 500	3 000	1 400	450	250	100
满足通过性对应的总长度（m）	236	183	127	88	53	41	29

注：挂车车体或货物底部离地间隙可根据运输车辆实际情况取值，此处取 0.8m。

表 4-14　牵引车 + 多轴多轮液压悬挂挂车可通行的最大车长

设计速度（km/h）	120	100	80	60	40	30	20
凸形竖曲线半径（m）	11 000	6 500	3 000	1 400	450	250	100
满足通过性对应的总长度（m）	216	168	116	82	49	38	27
凹形竖曲线半径（m）	4 000	3 000	2 000	1 000	450	250	100
满足通过性对应的总长度（m）	133	116	96	70	49	38	27

注：挂车悬架的安全伸缩量取 0.5m。

根据《公路工程技术标准》（JTG B01—2014）规定的不同等级公路的净空高度，以满足大件运输净空高度可通行性为条件，限定大件运输车辆通行的高度限制值；最后取满足平曲线与竖曲线可通行性的最大长度中的较小值，最终得到允许通过某一设计等级、某一设计速度公路的车辆长、宽、高阈值，如表 4-15 和表 4-16 所示。

表 4-15　牵引车 + 低平板半挂车可通行的最大车辆尺寸（m）

车辆宽度（m）	公路等级										
	高速公路			一级公路			二级公路		三级公路	四级公路	
	总高度小于5m								总高度小于4.5m		
	设计速度（km/h）										
	120	100	80	100	80	60	80	60	40	30	30	20
2.55	90	72	57	72	56	39	58	42	31	23	23	17
3.00	88	71	56	70	55	38	57	42	31	23	23	17
3.50	86	69	55	69	53	37	56	41	30	22	22	16
3.75	85	68	54	68	53	37	56	40	30	22	22	16
4.00	83	67	54	67	52	36	55	40	29	22	22	16
4.50	82	66	53	66	51	35	54	39	28	21	21	15

表 4-16　牵引车 + 多轴多轮液压悬挂挂车可通行的最大车辆尺寸（m）

车辆宽度（m）	公路等级										
	高速公路			一级公路			二级公路		三级公路	四级公路	
	总高度小于5m								总高度小于4.5m		
	设计速度（km/h）										
	120	100	80	100	80	60	80	60	40	30	30	20
2.55	133	116	96	116	90	61	96	67	47	33	33	25
3.00	133	116	93	116	89	58	93	65	45	33	33	22
3.50	133	112	89	112	84	55	90	62	42	31	31	22
3.75	133	107	84	107	81	51	86	59	41	30	30	22
4.00	133	104	84	104	76	50	84	58	39	28	28	20
4.50	124	102	76	102	70	45	78	53	38	27	27	19

4.6.2 符合下列条件的路线空间可通行性，应采用验算法或仿真法评价：
1 长、宽属于 $E_{尺寸}$ 级的大件运输。
2 本规范第 4.6.1 条中大件运输分级与可通行路线的公路未匹配。
3 牵引车 + 特殊组合液压悬挂挂车。
4 公路路线现状技术指标不符合《公路工程技术标准》（JTG B01—2014）规定。
5 其他特殊情况。

条文说明

$E_{尺寸}$ 级运输外廓尺寸没有上限，无法通过查表法评价。

表 4.6.1 是根据《公路工程技术标准》（JTG B01—2014）规定的公路极限指标计算得到的。表 4.6.1 所列的适用公路以外的或技术指标低于《公路工程技术标准》（JTG B01—2014）规定的极限值的公路，采用验算法或仿真法进行评价。

5 平面交叉

5.1 一般规定

5.1.1 大件运输通行的平面交叉,应评价转弯、连续转弯的空间可通行性。

条文说明

大件运输直行通过平面交叉的情况,按本规范第 4 章路线的方法进行评价。转弯包括的情景有右转弯、左转弯通过平面交叉,以及通过环形交叉,连续转弯的情形是两个转弯及两个转弯以上,如转弯进入路线再转弯。

5.1.2 根据平面交叉可通视范围,应对大件运输通行速度进行评价。

5.2 转弯与连续转弯

5.2.1 大件运输右转弯或左转弯的空间可通行性评价应符合下列规定:

1 应根据车货总体外廓尺寸、平面交叉角度及路面内缘半径等计算 R_{in}、W、ΔB 等扫空空间参数,如图 5.2.1 示意。各级大件运输转弯 R_{in}、W、ΔB 等扫空空间参数可查表 5.2.1。

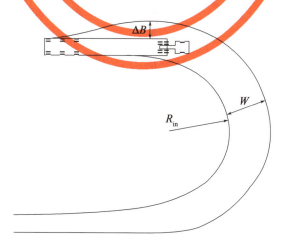

图 5.2.1 转弯扫空空间参数示意

R_{in}-最内侧转弯半径;ΔB-外摆值;W-大件运输转弯时扫空空间最大宽度

表 5.2.1 大件运输转弯扫弯空间参数

大件运输分级	总宽度 (m)	总长度 (m)		最内侧转弯半径 R_{in} (m)	外摆值 ΔB (m)	不同平面交叉角度下转弯处最大宽度 W (m)							
						110°	100°	90°	80°	70°	60°	45°
A尺寸	(2.55, 3.00)	低平板半挂车	≤17	15.00	0.00	6.00	6.14	6.18	6.27	6.34	6.39	6.44
				20.00	0.00	5.41	5.48	5.53	5.55	5.59	5.59	5.63
				30.00	0.00	4.82	4.84	4.84	4.84	4.84	4.87	4.87
		多轴多轮液压悬挂挂车	≤22	15.00	1.86	5.77	5.79	5.80	5.85	5.90	5.91	5.91
				20.00	1.45	5.28	5.30	5.31	5.31	5.32	5.32	5.35
				30.00	1.04	4.79	4.80	4.80	4.80	4.80	4.80	4.80
B尺寸	(3.00, 3.50)	低平板半挂车	(17, 22]	15.00	0.00	8.07	8.43	8.76	9.04	9.19	9.41	9.70
				20.00	0.00	7.43	7.68	7.90	8.03	8.03	8.14	8.26
				30.00	0.00	6.68	6.80	6.90	6.95	6.99	7.00	7.02
		多轴多轮液压悬挂挂车	(22, 31]	15.00	3.83	7.09	7.35	7.53	8.00	8.61	9.11	9.27
				20.00	2.96	6.50	7.46	7.46	7.93	8.00	8.06	8.10
				30.00	2.13	6.33	6.92	6.84	6.90	6.91	6.95	6.93
C尺寸	(3.50, 3.75)	低平板半挂车	(22, 30]	15.00	0.00	12.34	12.69	13.53	14.34	15.12	15.87	16.96
				26.00	0.00	11.34	11.92	12.60	13.24	13.54	14.04	14.74
				30.00	0.00	10.21	10.67	11.07	11.41	11.70	11.75	12.04
		多轴多轮液压悬挂挂车	(31, 41]	18.00	6.68	9.19	9.57	10.46	11.00	11.42	12.23	13.44
				20.00	5.34	8.64	9.50	9.27	9.53	9.60	11.47	11.66
				30.00	3.84	7.80	8.00	9.38	9.52	9.63	9.71	9.77
D尺寸	(3.75, 4.50)	低平板半挂车	(30, 35]	15.00	0.00	15.51	16.97	18.33	18.20	19.33	20.46	21.8
				26.00	0.00	14.83	15.98	17.09	18.18	17.73	18.49	19.59
				30.00	0.00	13.36	14.12	14.80	15.41	15.95	16.45	17.1
		多轴多轮液压悬挂挂车	(41, 45]	18.00	7.50	10.55	11.61	12.51	13.29	14.53	15.88	18.14
				20.00	6.78	9.88	10.53	10.90	11.39	11.70	12.02	13.44
				30.00	4.27	8.87	9.37	9.53	9.68	11.28	11.07	11.13
E尺寸	—	—	—	—	—	—	—	—	—	—	—	—

2 右转弯的空间可通行性应符合式（5.2.1-1）和式（5.2.1-2）的规定。

$$W_{en} - 2\sigma \geq B_{VL} + \Delta B \tag{5.2.1-1}$$

$$W_{rturn} - 2\sigma \geq W \tag{5.2.1-2}$$

式中：W_{en}——平面交叉进口道总宽度（m）；

σ——车货外廓边缘和道路边缘或护栏等设施间的预留空间，可取 0.5m；

B_{VL}——大件运输总宽度（m）；

W_{rturn}——平面交叉右转处可通行宽度（m）。

3 左转弯的空间可通行性应符合式（5.2.1-3）和式（5.2.1-4）的规定。

$$W_{section} - \sigma \geq B_{VL} + \Delta B \tag{5.2.1-3}$$

$$W_{lturn} - \sigma \geq W \tag{5.2.1-4}$$

式中：$W_{section}$——左转时平面交叉物理区可通行宽度（m）；

W_{lturn}——平面交叉左转处可通行宽度（m）。

条文说明

根据大件运输总宽度、总长度、总高度和转弯角度，计算右转或左转时的扫空空间宽度。

表 5.2.1 的数值是根据大件运输的长、宽上限值组合情况计算的扫空空间参数值。大件运输转弯时平面交叉转弯车道的内缘半径 R_{in} 越大，则 W、ΔB 越小，故表 5.2.1 仅为最不利情况；如平面交叉转弯处内缘半径大于表中的值，则根据实际情况确定转弯最大宽度和尾迹加宽值。

表 5.2.1 中转弯最内侧半径分别按《公路工程技术标准》（JTG B01—2014）中最小 15m 的情况以及 20m、30m 的情况进行计算，当大件运输本身的最小内侧转弯半径小于或等于 15m 时 R_{in} 取 15m，当最小内侧转弯半径大于 15m 时按车辆转弯最内侧的最小半径确定 R_{in}。

平面交叉右转进口道总宽度 W_{en} 包括所有进口道范围内可供车辆行驶的空间，如图 5-1 所示。在有中央分隔带的路段包括同向行车道、附加车道及硬路肩等宽度之和，在没有中央分隔带的路段包括同向和对向的行车道、附加车道、硬路肩等宽度之和。

无实体交通岛时，平面交叉右转处可通行宽度 W_{rturn} 包括右转车道、平面交叉物理区等可供大件运输右转弯通行的区域。有实体交通岛时，平面交叉右转处可通行宽度仅包括右转车道及路肩等部分。

在可通行性评价中当大件运输的最小转弯内缘半径大于平面交叉右转内缘半径时，如图 5-2 所示，只要行驶轨迹不会影响中分带等其他设施，也可满足可通行性，所以 R_{in} 不作为约束条件。

在式（5.2.1-1）～式（5.2.1-4）中均考虑了横向距离，主要是因为平面交叉可供通行的范围较大，实际通行中大件运输转弯时不一定能完全按标准的转弯轨迹行驶，且驾驶员打方向的速度不同,这些因素都会对轨迹和扫空空间产生影响,故在判断可通行性时,两侧均考虑了0.5m的预留空间,以确保实际行驶轨迹有差异时大件运输能通过平面交叉。

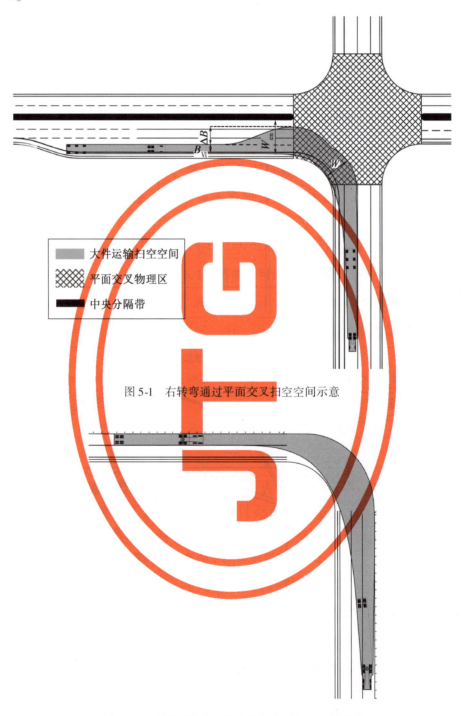

图 5-1　右转弯通过平面交叉扫空空间示意

图 5-2　车辆转弯最小内缘半径较大时扫空空间示意

左转弯时重点是扫空空间和平面交叉物理区、中央分隔带的关系,主要参数如图5-3所示,其中式(5.2.1-3)、式(5.2.1-4)的 $W_{section}$ 和 W_{lturn} 范围主要根据大件运输左转弯通过平面交叉的位置确定。

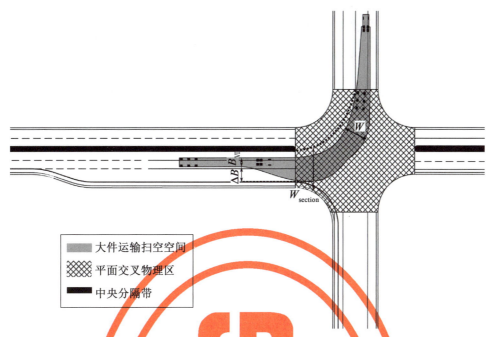

图 5-3 左转弯通过平面交叉扫空空间示意

5.2.2 大件运输通过环形交叉时，应根据车货总体外廓尺寸和环形交叉半径等计算扫空空间参数，评价大件运输通过环形交叉的空间可通行性。可采用本规范附录 C 的仿真法进行环形交叉的空间可通行性评价。

5.2.3 大件运输连续转弯的空间可通行性评价应符合下列规定：

1 两次转弯通过的两个平面交叉间距不小于表 5.2.3 的规定时，两个平面交叉的空间可通行性评价应分别符合本规范第 5.2.1 条的规定。

2 两次转弯通过的两个平面交叉间距小于表 5.2.3 的规定时，应评价连续转弯的空间可通行性；连续转弯的可通行性评价宜采用本规范附录 C 的仿真法。

表 5.2.3 连续转弯的平面交叉最大间距

大件运输分级	间距（m）	大件运输分级	间距（m）
$A_{尺寸}$	70	$D_{尺寸}$	150
$B_{尺寸}$	100	$E_{尺寸}$	—
$C_{尺寸}$	130		

条文说明

平面交叉间距是指两平面交叉道路中线交点之间的距离。连续平面交叉的工况如图 5-4 所示。连续转弯的可通行性评价考虑因素为大件运输两次转弯扫空空间是否会互相影响。

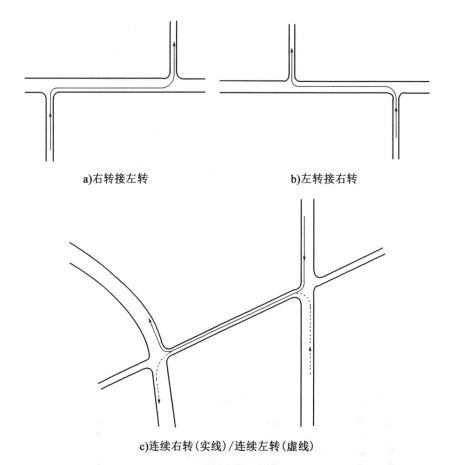

a)右转接左转　　　　　　　　b)左转接右转

c)连续右转(实线)/连续左转(虚线)

图 5-4　连续通过平交口示意

表 5.2.3 平面交叉的间距是指大件运输车辆完成第一次转弯车头沿道路方向顺直后再进入第二个转弯，互不影响的最小间距。

当平面交叉的间距大于或等于该间距时，如图 5-5 中的大件运输 a 两次转弯扫空空间互不影响，因此按两个平面交叉的可通行性分别评价。

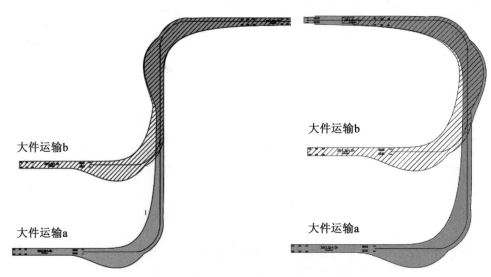

图 5-5　连续转弯扫空空间对比

当平面交叉的间距小于该间距时,如图5-5中的大件运输b,在通过第一个平面交叉转弯过程中又同时开始下一次转弯,两次转弯的扫空空间相互影响,故需要根据整体的连续转弯扫空空间进行可通行性评价。由于连续转弯轨迹复杂,因此推荐采用仿真法进行评价。

5.2.4 货物的长度或宽度超过挂车尺寸时,宜分别计算车辆和货物的扫空空间,如图5.2.4所示。空间可通行性应符合下列规定:

1 车辆扫空空间不应大于平面交叉路面范围。

2 路侧有护栏且货物超出挂车部分的离地高度小于或等于护栏高度时,货物扫空空间不应大于平面交叉路面范围。

3 路侧无护栏或货物超出挂车部分的离地高度大于护栏高度时,货物扫空空间不应大于路侧可用空间。

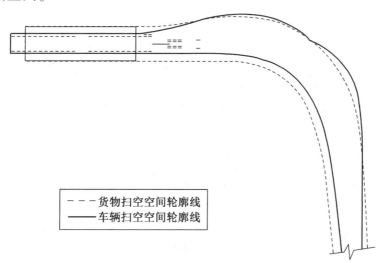

图5.2.4 货物超过挂车尺寸时扫空空间示意

条文说明

当货物尺寸大于挂车尺寸时,车辆扫空空间不超过有效的路面范围。而货物的扫空空间受路侧护栏、植物、杆柱等影响。

5.3 视距

5.3.1 大件运输车辆进入平面交叉引道的速度不应大于引道最大通行速度、车辆限速和路段大车限速的最小值。

条文说明

通过本规范第5.3.1条引道视距条件计算的最大可通行速度,在一些直线或大半径曲线接入平面交叉口,通视条件好,那么这个计算的速度会非常的大。因此规定中综合考虑了计算的速度、车辆限速和路段大车限速的最小值。

车辆限速是指大件运输车辆本身在出厂或企业管理等要求下的车辆自身最大可以行驶的速度。

5.3.2 根据平面交叉引道视距条件，引道最大通行速度应按本规范第 B.6 节的方法计算。

条文说明

平面交叉引道视距取值与停车视距相同，但是，物高应按 0m 来检查。

5.3.3 应根据平面交叉路侧环境的实际视距三角区，按本规范第 B.6 节的方法计算实际的最大可通行速度。

条文说明

根据路侧的遮挡视距的障碍物情况确定实际的视距三角区，如图 5-6 所示。根据平面交叉可以提供的视距三角区范围确定被交公路可提供的停车视距，计算被交路在当前视距三角区条件下的通行速度。

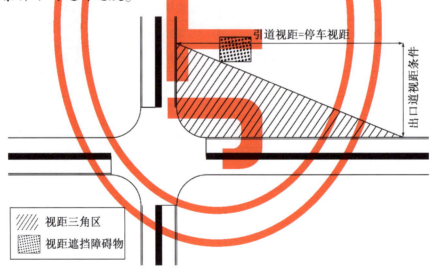

图 5-6 平面交叉可提供的视距三角区示意

若根据视距三角区通视条件计算的通行速度小于 20km/h，大件运输通行会对公路交通造成极大的影响。仅通过降低速度无法确保大件运输顺利通过平面交叉时，这类情况下要考虑合适的护送方案或其他方式使大件运输顺利通过平面交叉。

5.4 评价方法

5.4.1 各级大件运输通行下列平面交叉时，满足空间可通行性要求。

1 右转弯通行的平面交叉应符合表 5.4.1-1 的规定。

表 5.4.1-1 大件运输右转弯可通行的平面交叉

大件运输分级	右转弯可通行的平面交叉
$A_{尺寸}$	进口道为一级公路、二级公路、三级公路、双车道四级公路的平面交叉
$B_{尺寸}$	进口道为一级公路、二级公路的平面交叉
$C_{尺寸}$	①相交道路均为设计速度80km/h及80km/h以上一级公路或二级公路的平面交叉；②进口道为4车道且出口道为2车道及2车道以上的平面交叉
$D_{尺寸}$	进口道为4车道且出口道为4车道及4车道以上的平面交叉
$E_{尺寸}$	—

2 左转弯通行的平面交叉应符合表 5.4.1-2 的规定。

表 5.4.1-2 大件运输左转弯可通行的平面交叉

大件运输分级	左转弯可通行的平面交叉
$A_{尺寸}$	进口道为一级公路、二级公路、三级公路、双车道四级公路的平面交叉
$B_{尺寸}$	进口道为一级公路、二级公路、三级公路的平面交叉
$C_{尺寸}$	进口道为一级公路或二级公路，且出口道为2车道及2车道以上的平面交叉
$D_{尺寸}$	进口道为4车道，且出口道为3车道及3车道以上的平面交叉
$E_{尺寸}$	—

3 通行的环形交叉应符合表 5.4.1-3 的规定。

表 5.4.1-3 大件运输可通行的环形交叉

大件运输分级	可通行的环形交叉环岛半径（m）		
	2 车道	3 车道	>3 车道
$A_{尺寸}$	≥12	≥5	—
$B_{尺寸}$	≥35	≥15	≥5
$C_{尺寸}$	≥85	≥40	≥20
$D_{尺寸}$	≥190	≥80	≥40
$E_{尺寸}$	—	—	—

5.4.2 符合下列条件的平面交叉的空间可通行性，应采用本规范第 5.2 节的方法或本规范附录 C 的仿真法进行评价：

1 长、宽属于 $E_{尺寸}$ 级的大件运输。

2 本规范第 5.4.1 条中大件运输分级与可通行的平面交叉未匹配。

3 平面交叉及相交道路现状技术指标不符合《公路工程技术标准》（JTG B01—2014）规定。

4 其他特殊情况。

5.4.3 平面交叉不满足空间可通行性要求时，对采取措施通行的，应采用本规范第

5.2 节的方法或本规范附录 B 的仿真法进行评价。

条文说明

当平面交叉无法满足大件运输正常通行条件下的扫空空间的通行要求时，通常采取的措施有：大件运输采用占用同向车道［图 5-7a)］、占用对向车道［有中分带时拆除中分带，图 5-7b)］、有双车头时通过多次反复调转方向通行［图 5-7c)、d)］等方式通行平面交叉。

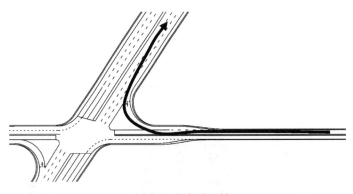

a) 占用同向车道右转

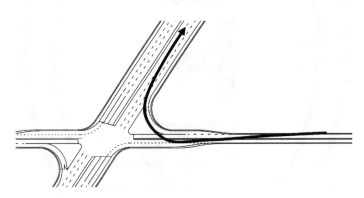

b) 占用对向车道右转

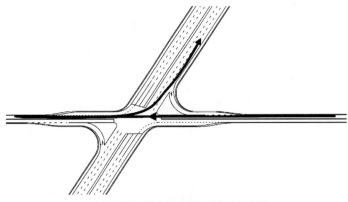

c) 直行后调转方向左转到达目标车道

图 5-7

d) 左转后调转方向直行至目标车道

图 5-7 通过平面交叉时改变行驶路径措施

在间距较近的平面交叉，当车辆连续转弯的扫空空间不满足空间可通行性时，通常在通过一个平面交叉后，再通过倒车或调换车道改变方向的方式通行。

上述措施仍不能满足可通行性或者对交通影响非常大时，通过改造平面交叉使之满足可通行性要求，如拆除中央分隔设施 [如图 5-8 a)、c)]、公路加宽 [如图 5-8b)、d)] 等。

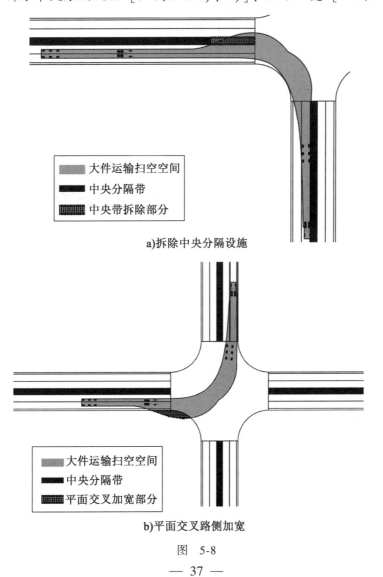

a) 拆除中央分隔设施

b) 平面交叉路侧加宽

图 5-8

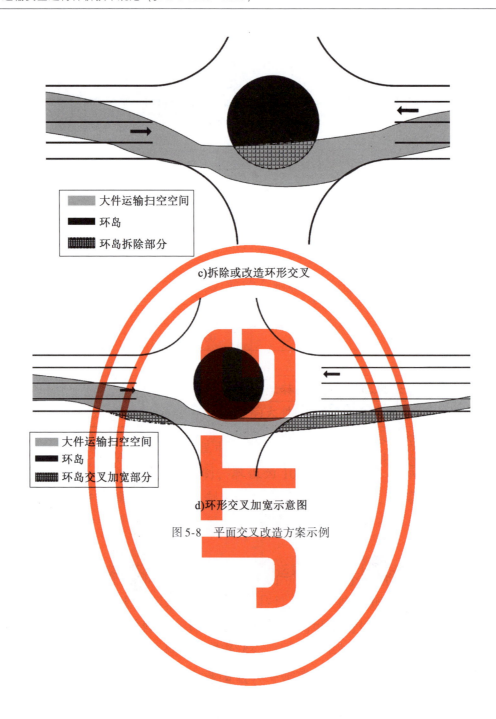

c) 拆除或改造环形交叉

d) 环形交叉加宽示意图

图 5-8 平面交叉改造方案示例

6 立体交叉

6.1 一般规定

6.1.1 大件运输通行的互通式立体交叉，应评价分、合流连接部与匝道基本路段的空间可通行性。

6.1.2 匝道路侧净空和上跨桥下净空应满足空间可通行性要求。

6.1.3 互通式立体交叉范围内的主线空间可通行性评价应符合本规范第 4 章的规定。

6.2 连接部

6.2.1 大件运输驶出或驶入主线时，应根据大件运输初步设定的可通行速度评价出口识别视距、入口合流鼻端通视视距以及采取的交通组织方案。

条文说明

针对无护送大件运输车辆，结合其初步设定的可通行速度、横断面位置等实际情况评价视距。按目前高速公路一般条件（设计速度不低于 80km/h，横断面指标取一般值，立体交叉设计指标满足规范要求）计算，均能满足大件运输车辆以 60km/h 行驶的识别视距要求。但对于其他高速公路互通立交路段、设计速度更低的一级、二级公路互通立交路段，或大件运输车辆采用更高的通行速度时，还需评价出口识别视距是否满足空间可通行性要求。

6.2.2 大件运输驶出或驶入主线时，应根据大件运输车货总长度、护送车辆、初步设定的可通行速度等因素，评价出口与上游隧道出口、入口与下游隧道进口的间距及采取的交通组织方案。

条文说明

大件运输车辆较长时，驶出公路进入匝道前减速，驶入公路时速度较低，包括护送车辆在内，将占用出入口与隧道之间很长的空间，易导致上游车辆驶出隧道时因白洞效应来不及反应，形成追尾风险。因此设定的可通行速度下间距及交通组织方案需满足空间可通行性。

6.3 匝道

6.3.1 大件运输通行的匝道纵断面线形的空间可通行性评价应满足本规范第 4 章的规定。

条文说明

结合车货总体总质量和牵引功率，对车辆爬坡性能进行分析，评价匝道纵坡。结合车货总体外廓尺寸、车底离地高度等，对车辆顶起失效、触头失效和托尾失效等风险进行分析，评价匝道竖曲线半径及长度。

6.3.2 大件运输通行的匝道，大件运输车货总体外廓边缘与匝道护栏等设施或任何障碍物之间的预留空间不宜小于 0.5m，不应小于 0.25m。

条文说明

根据全国各省市大件运输企业的 60 个有效问卷调查结果，80% 的大件运输企业在车辆转弯时预留的距两侧障碍物的距离不低于 0.5m，有 13.3% 的大件运输企业预留的距离低于 0.25m，并要求结合驾驶人经验，通过降低通行速度、增加安全疏导人员、加强交通组织等措施通行。

6.3.3 大件运输通行匝道时，应根据车货总体外廓尺寸、匝道视距、匝道限制速度等评价大件运输的最大可通行速度。

6.4 上跨桥

6.4.1 大件运输车货总体的顶部距上跨桥底部（含所有设备）的距离不宜小于 0.1m，不应小于 0.05m。

条文说明

上跨桥梁底部设备包括但不限于悬挂于梁底的监控、测速设备等。

根据全国各省（区、市）大件运输企业的 51 个有效问卷调查结果，43.1% 的大件运输企业预留的车货总体顶部距上跨桥底部的距离不低于 0.1m，此时可不考虑结构物对大件运输车辆的影响，35.3% 的大件运输企业预留的距离为 0.05m，此时大件运输车辆基本能通过但需缓慢通行。

6.4.2 主线和匝道上跨桥桥下净空应满足大件运输车货总体外廓尺寸对空间可通行性的要求。

条文说明

目前各省（区、市）的高速公路桥下净空执行的标准不一致，主线一般采用5.2m及5.2m以上，而部分匝道采用5.0m，净空差别对大件运输通行有较大的影响。

6.5 评价方法

6.5.1 大件运输通行匝道的空间可通行性评价应符合下列规定：

1 应根据车货总体外廓尺寸、匝道类型、匝道转弯半径等计算扫空空间参数，如图5.2.1所示；各级大件运输通行匝道时，转弯扫空空间参数不应大于表6.5.1-1和表6.5.1-2的对应参数。

表 6.5.1-1 大件运输分级对应的匝道最大扫空空间宽度（m）

大件运输分级	匝道类型	牵引车+低平板半挂车		牵引车+多轴多轮液压悬挂挂车		
		半径	最大扫空空间宽度 W	半径	最大扫空空间宽度 W	外摆值
$A_{尺寸}$	单车道（Ⅰ型、Ⅳ型）	25	5.1	25	5.3	1.8
	双车道（Ⅱ型）	25	5.1	25	5.3	1.8
$B_{尺寸}$	单车道（Ⅰ型、Ⅳ型）	25	8.2	30	8.5	4.1
	双车道（Ⅱ型）	25	8.8	25	9.3	4.8
$C_{尺寸}$	单车道（Ⅰ型、Ⅳ型）	85	7.0	105	7.0	2.8
	双车道（Ⅱ型）	60	8.3	75	8.2	3.8
$D_{尺寸}$	单车道（Ⅰ型、Ⅳ型）	180	6.7	180	6.8	2.0
	双车道（Ⅱ型）	105	8.3	100	8.5	3.5
$E_{尺寸}$	单车道（Ⅰ型、Ⅳ型）	—	—	—	—	—
	双车道（Ⅱ型）	—	—	—	—	—

2 匝道的空间可通行性应符合式（6.5.1-1）和式（6.5.1-2）的规定。

$$W_{cl} - 2\sigma \geq B_{VL} + \Delta B \tag{6.5.1-1}$$

$$W_{ci} - 2\sigma \geq W \tag{6.5.1-2}$$

式中：W_{cl}——匝道平曲线处总宽度（m）；

σ——车货外廓边缘和道路边缘或护栏等设施间的预留空间；

B_{VL}——大件运输总宽度（m）；

W_{ci}——匝道圆曲线处总宽度（m）；

W——大件运输转弯时最大扫空空间宽度（m）。

3 Ⅲ型匝道可通行性条件应根据Ⅲ型横断面的加宽值与路面宽，按表6.5.1-2中双车道匝道对应的扫空空间参数确定。

表6.5.1-2 匝道可通行最大车型扫空空间参数（m）

圆曲线半径	单车道匝道（Ⅰ型）		牵引车+低平板半挂车 长×宽×扫空空间宽度	牵引车+多轴多轮液压悬挂挂车 长×宽×轴线宽度×外摆值	双车道匝道（Ⅱ型）		牵引车+低平板半挂车 长×宽×扫空空间宽度	牵引车+多轴多轮液压悬挂挂车 长×宽×轴线宽度×外摆值
	加宽值	路面宽			加宽值	路面宽		
25	2.25	9.75	C尺寸（24×3.00×9.0）	C尺寸（31.4×3.00×14×8.8×4.8）	3.25	12.25	C尺寸（27×3.00×11.4）	C尺寸（36.1×3.00×17×11.0×6.7）
			C尺寸（23×3.50×8.8）	B尺寸（29.9×3.50×13×8.6×4.2）			C尺寸（26×3.50×11.1）	C尺寸（36.1×3.50×17×11.5×6.7）
			C尺寸（23×3.75×9.1）	C尺寸（29.9×3.75×13×8.9×4.2）			C尺寸（26×3.75×11.3）	C尺寸（34.5×3.75×16×11.0×6.0）
			D尺寸（22×4.00×8.7）	D尺寸（29.9×4.00×13×9.1×4.2）			D尺寸（26×4.00×11.5）	D尺寸（34.5×4.00×16×11.3×6.0）
			D尺寸（21×4.50×8.6）	D尺寸（28.3×4.50×12×9.0×3.6）			D尺寸（25×4.50×11.3）	D尺寸（33.0×4.50×15×11.0×5.4）
			E尺寸（21×5.00×9.0）	E尺寸（26.8×5.00×11×8.9×3.1）			E尺寸（24×5.00×11.0）	E尺寸（33.0×5.00×15×11.5×5.4）
30	1.75	9.25	C尺寸（25×3.00×8.6）	C尺寸（33.0×3.00×15×8.6×4.6）	2.25	11.25	C尺寸（28×3.00×10.7）	C尺寸（37.6×3.00×18×10.7×6.4）
			C尺寸（24×3.50×8.5）	C尺寸（31.4×3.50×14×8.5×4.1）			C尺寸（27×3.50×10.5）	C尺寸（36.1×3.50×17×10.4×5.8）
			C尺寸（23×3.75×8.2）	C尺寸（31.4×3.75×14×8.7×4.1）			C尺寸（26×3.75×10.0）	C尺寸（36.1×3.75×17×10.7×5.8）
			D尺寸（23×4.00×8.4）	D尺寸（29.9×4.00×13×8.4×3.6）			D尺寸（26×4.00×10.3）	D尺寸（34.5×4.00×16×10.2×5.2）
			D尺寸（22×4.50×8.4）	D尺寸（28.3×4.50×12×8.3×3.1）			D尺寸（25×4.50×10.1）	D尺寸（34.5×4.50×16×10.7×5.2）
			E尺寸（21×5.00×7.7）	E尺寸（26.8×5.00×11×8.3×2.6）			E尺寸（25×5.00×10.6）	E尺寸（33.0×5.00×15×10.6×4.6）
35	1.25	8.75	C尺寸（25×3.00×7.8）	C尺寸（33.0×3.00×15×7.9×4.1）	1.50	10.50	C尺寸（28×3.00×9.6）	C尺寸（37.6×3.00×18×9.7×5.7）
			C尺寸（24×3.50×7.8）	C尺寸（31.4×3.50×14×7.9×3.6）			C尺寸（28×3.50×9.8）	C尺寸（36.1×3.50×17×9.6×5.1）
			C尺寸（23×3.75×8.0）	C尺寸（31.4×3.75×14×8.1×3.6）			C尺寸（27×3.75×9.7）	C尺寸（36.1×3.75×17×9.8×5.1）
			D尺寸（23×4.00×7.8）	D尺寸（29.9×4.00×13×7.8×3.1）			D尺寸（27×4.00×9.9）	D尺寸（34.5×4.00×16×9.5×4.6）
			D尺寸（22×4.50×7.7）	D尺寸（28.3×4.50×12×7.8×2.7）			D尺寸（26×4.50×9.9）	D尺寸（34.5×4.50×16×10.0×4.6）
			E尺寸（21×5.00×7.7）	E尺寸（26.8×5.00×11×7.8×2.3）			E尺寸（25×5.00×9.8）	E尺寸（33.0×5.00×15×9.9×4.1）
40	1.00	8.50	C尺寸（26×3.00×7.7）	C尺寸（34.5×3.00×16×7.9×4.1）	1.00	10.00	C尺寸（29×3.00×9.3）	C尺寸（37.6×3.00×18×9.0×5.1）
			C尺寸（25×3.50×7.7）	C尺寸（33.0×3.50×15×7.8×3.6）			C尺寸（28×3.50×9.3）	C尺寸（37.6×3.50×18×9.5×5.1）
			C尺寸（24×3.75×7.5）	C尺寸（31.4×3.75×14×7.6×3.2）			C尺寸（28×3.75×9.5）	C尺寸（36.1×3.75×17×9.2×4.6）
			D尺寸（24×4.00×7.7）	D尺寸（31.4×4.00×14×7.9×3.2）			D尺寸（27×4.00×9.2）	D尺寸（36.1×4.00×17×9.4×4.6）
			D尺寸（23×4.50×7.8）	D尺寸（29.9×4.50×13×7.9×2.8）			D尺寸（26×4.50×9.2）	D尺寸（34.5×4.50×16×9.4×4.1）
			E尺寸（22×5.00×7.9）	E尺寸（28.3×5.00×12×8.0×2.4）			E尺寸（25×5.00×9.2）	E尺寸（33.0×5.00×15×9.3×3.6）

续表 6.5.1-2

圆曲线半径	单车道匝道（Ⅰ型）		牵引车+低平板半挂车 长×宽×扫空间宽度	牵引车+多轴多轮液压悬挂挂车 长×宽×轴线×扫空间宽度×外摆值	双车道匝道（Ⅱ型）		牵引车+低平板半挂车 长×宽×扫空间宽度	牵引车+多轴多轮液压悬挂挂车 长×宽×轴线×扫空间宽度×外摆值
	加宽值	路面宽			加宽值	路面宽		
45	0.75	8.25	C尺寸(27×3.00×7.6)	C尺寸(34.5×3.00×16×7.4×3.7)	0.75	9.75	C尺寸(30×3.00×9.1)	C尺寸(39.2×3.00×19×8.9×5.0)
			C尺寸(26×3.50×7.6)	C尺寸(33.0×3.50×15×7.4×3.3)			C尺寸(29×3.50×9.1)	C尺寸(37.6×3.50×18×8.9×4.6)
			C尺寸(25×3.75×7.5)	C尺寸(33.0×3.75×15×7.7×3.3)			C尺寸(28×3.75×8.8)	C尺寸(37.6×3.75×18×9.1×4.5)
			D尺寸(25×4.00×7.7)	D尺寸(31.4×4.00×14×7.5×2.9)			D尺寸(28×4.00×9.1)	D尺寸(36.1×4.00×17×8.9×4.1)
			D尺寸(23×4.50×7.5)	D尺寸(29.9×4.50×13×7.6×2.5)			D尺寸(27×4.50×9.1)	D尺寸(34.5×4.50×16×8.9×3.7)
			E尺寸(22×5.00×7.6)	E尺寸(28.3×5.00×12×7.7×2.2)			E尺寸(26×5.00×9.2)	E尺寸(33.0×5.00×15×8.9×3.3)
50	0.50	8.00	C尺寸(27×3.00×7.1)	C尺寸(36.1×3.00×17×7.1×3.4)	0.25	9.25	C尺寸(30×3.00×8.5)	C尺寸(39.2×3.00×19×8.4×4.6)
			C尺寸(26×3.50×7.2)	C尺寸(34.5×3.50×16×7.5×3.3)			C尺寸(29×3.50×8.5)	C尺寸(37.6×3.50×18×8.4×4.2)
			C尺寸(25×3.75×7.1)	C尺寸(33.0×3.75×15×7.3×3.0)			C尺寸(28×3.75×8.3)	C尺寸(37.6×3.75×18×8.6×4.2)
			D尺寸(25×4.00×7.4)	D尺寸(31.4×4.00×14×7.1×2.6)			D尺寸(28×4.00×8.6)	D尺寸(36.1×4.00×17×8.4×3.7)
			D尺寸(23×4.50×7.2)	D尺寸(29.9×4.50×13×7.3×2.3)			D尺寸(27×4.50×8.7)	D尺寸(34.5×4.50×16×8.5×3.3)
			E尺寸(22×5.00×7.3)	E尺寸(28.3×5.00×12×7.4×2.0)			E尺寸(26×5.00×8.7)	E尺寸(33.0×5.00×15×8.6×3.0)
55	0.50	8.00	C尺寸(28×3.00×7.2)	C尺寸(36.1×3.00×17×7.1×3.4)	0.00	9.00	C尺寸(31×3.00×8.4)	C尺寸(40.7×3.00×20×8.4×4.6)
			C尺寸(27×3.50×7.3)	C尺寸(34.5×3.50×16×7.1×3.1)			C尺寸(30×3.50×8.5)	C尺寸(39.2×3.50×19×8.4×4.2)
			C尺寸(26×3.75×7.1)	C尺寸(34.5×3.75×16×7.4×3.1)			C尺寸(29×3.75×8.3)	C尺寸(37.6×3.75×18×8.2×3.8)
			D尺寸(26×4.00×7.4)	D尺寸(33.0×4.00×15×7.3×2.7)			D尺寸(28×4.00×8.2)	D尺寸(37.6×4.00×18×8.5×3.8)
			D尺寸(24×4.50×7.2)	D尺寸(31.4×4.50×14×7.4×2.4)			D尺寸(27×4.50×8.3)	D尺寸(34.5×4.50×16×8.1×3.1)
			E尺寸(23×5.00×7.4)	E尺寸(28.3×5.00×12×7.2×1.8)			E尺寸(26×5.00×8.4)	E尺寸(33.0×5.00×15×8.3×2.7)
60	0.25	7.75	C尺寸(29×3.00×7.2)	C尺寸(37.6×3.00×18×7.1×3.5)	0.00	9.00	C尺寸(32×3.00×8.4)	C尺寸(42.3×3.00×21×8.4×4.7)
			C尺寸(27×3.50×6.9)	C尺寸(36.1×3.50×17×7.1×3.2)			C尺寸(31×3.50×8.5)	C尺寸(40.7×3.50×20×8.5×4.3)
			C尺寸(26×3.75×6.9)	C尺寸(34.5×3.75×16×7.1×2.8)			C尺寸(30×3.75×8.3)	C尺寸(39.2×3.75×19×8.3×3.9)
			D尺寸(26×4.00×7.1)	D尺寸(33.0×4.00×15×7.0×2.5)			D尺寸(29×4.00×8.2)	D尺寸(37.6×4.00×18×8.1×3.5)
			D尺寸(24×4.50×7.0)	D尺寸(31.4×4.50×14×7.2×2.2)			D尺寸(28×4.50×8.3)	D尺寸(36.1×4.50×17×8.2×3.2)
			E尺寸(23×5.00×7.2)	E尺寸(28.3×5.00×12×7.0×1.7)			E尺寸(27×5.00×8.5)	E尺寸(34.5×5.00×16×8.4×2.8)

续表 6.5.1-2

圆曲线半径	单车道面道（Ⅰ型）		牵引车+低平板半挂车 长×宽×扫空空间宽度	牵引车+多轴多轮液压悬挂车 长×宽×轴线×扫空空间宽度×外摆值	双车道面道（Ⅱ型）		牵引车+低平板半挂车 长×宽×扫空空间宽度	牵引车+多轴多轮液压悬挂车 长×宽×轴线×扫空空间宽度×外摆值
	加宽值	路面宽			加宽值	路面宽		
70	0.00	7.50	$C_{尺寸}$ (30×3.00×6.9)	$C_{尺寸}$ (39.2×3.00×19×6.9×3.4)	0.00	9.00	$D_{尺寸}$ (34×3.00×8.4)	$D_{尺寸}$ (43.8×3.00×22×8.1×4.4)
			$C_{尺寸}$ (28×3.50×6.8)	$C_{尺寸}$ (36.1×3.50×17×6.7×2.7)			$D_{尺寸}$ (33×3.50×8.5)	$D_{尺寸}$ (42.3×3.50×21×8.2×4.1)
			$C_{尺寸}$ (27×3.75×6.7)	$C_{尺寸}$ (34.5×3.75×16×6.7×2.4)			$D_{尺寸}$ (32×3.75×8.4)	$C_{尺寸}$ (40.7×3.75×20×8.1×3.7)
			$D_{尺寸}$ (27×4.00×7.0)	$D_{尺寸}$ (34.5×4.00×16×6.9×2.4)			$D_{尺寸}$ (31×4.00×8.3)	$D_{尺寸}$ (40.7×4.00×20×8.3×3.7)
			$D_{尺寸}$ (25×4.50×6.9)	$D_{尺寸}$ (31.4×4.50×14×6.8×1.9)			$D_{尺寸}$ (30×4.50×8.4)	$D_{尺寸}$ (37.6×4.50×18×8.1×3.1)
			$E_{尺寸}$ (23×5.00×6.9)	$E_{尺寸}$ (29.9×5.00×13×6.9×1.7)			$E_{尺寸}$ (28×5.00×8.3)	$E_{尺寸}$ (36.1×5.00×17×8.2×2.7)
75	0.00	7.50	$D_{尺寸}$ (31×3.00×7.0)	$C_{尺寸}$ (39.2×3.00×19×6.7×3.2)	0.00	9.00	$D_{尺寸}$ (35×3.00×8.4)	$D_{尺寸}$ (45.4×3.00×23×8.2×4.5)
			$C_{尺寸}$ (29×3.50×6.8)	$C_{尺寸}$ (37.6×3.50×18×6.9×2.9)			$D_{尺寸}$ (34×3.50×8.5)	$D_{尺寸}$ (43.8×3.50×22×8.3×4.2)
			$C_{尺寸}$ (28×3.75×6.9)	$C_{尺寸}$ (36.1×3.75×17×6.8×2.6)			$D_{尺寸}$ (33×3.75×8.4)	$D_{尺寸}$ (42.3×3.75×21×8.2×3.8)
			$D_{尺寸}$ (28×4.00×7.0)	$D_{尺寸}$ (36.1×4.00×17×7.0×2.6)			$D_{尺寸}$ (32×4.00×8.3)	$D_{尺寸}$ (42.3×4.00×21×8.4×3.8)
			$D_{尺寸}$ (26×4.50×6.9)	$D_{尺寸}$ (33.0×4.50×15×6.9×2.0)			$D_{尺寸}$ (31×4.50×8.4)	$D_{尺寸}$ (39.2×4.50×19×8.2×3.2)
			$E_{尺寸}$ (24×5.00×7.0)	$E_{尺寸}$ (29.9×5.00×13×6.9×1.6)			$E_{尺寸}$ (29×5.00×8.3)	$E_{尺寸}$ (37.6×5.00×18×8.4×2.9)
80	0.00	7.50	$D_{尺寸}$ (32×3.00×7.0)	$C_{尺寸}$ (40.7×3.00×20×6.8×3.3)	0.00	9.00	$D_{尺寸}$ (36×3.00×8.4)	$E_{尺寸}$ (46.9×3.00×24×8.3×4.6)
			$C_{尺寸}$ (30×3.50×6.9)	$C_{尺寸}$ (39.2×3.50×19×7.0×3.0)			$D_{尺寸}$ (34×3.50×8.5)	$D_{尺寸}$ (45.4×3.50×23×8.4×4.3)
			$C_{尺寸}$ (29×3.75×6.8)	$C_{尺寸}$ (37.6×3.75×18×6.9×2.7)			$D_{尺寸}$ (33×3.75×8.1)	$D_{尺寸}$ (43.8×3.75×22×8.3×3.9)
			$D_{尺寸}$ (28×4.00×6.8)	$D_{尺寸}$ (36.1×4.00×17×6.9×2.4)			$D_{尺寸}$ (33×4.00×8.4)	$D_{尺寸}$ (43.8×4.00×22×8.5×3.9)
			$D_{尺寸}$ (26×4.50×6.9)	$D_{尺寸}$ (33.0×4.50×15×6.8×1.9)			$D_{尺寸}$ (31×4.50×8.2)	$D_{尺寸}$ (40.7×4.50×20×8.3×3.3)
			$E_{尺寸}$ (24×5.00×6.9)	$E_{尺寸}$ (31.4×5.00×14×7.0×1.7)			$E_{尺寸}$ (30×5.00×8.4)	$E_{尺寸}$ (39.2×5.00×19×8.5×3.0)
100	0.00	7.50	$D_{尺寸}$ (35×3.00×7.0)	$D_{尺寸}$ (43.8×3.00×22×6.7×3.2)	0.00	9.00	$E_{尺寸}$ (39×3.00×8.5)	$E_{尺寸}$ (51.6×3.00×27×8.4×4.7)
			$D_{尺寸}$ (33×3.50×7.0)	$D_{尺寸}$ (42.3×3.50×21×6.9×2.9)			$E_{尺寸}$ (38×3.50×8.5)	$E_{尺寸}$ (50.0×3.50×26×8.5×4.1)
			$C_{尺寸}$ (32×3.75×6.9)	$C_{尺寸}$ (40.7×3.75×20×6.8×2.7)			$E_{尺寸}$ (37×3.75×8.4)	$E_{尺寸}$ (48.5×3.75×25×8.4×4.1)
			$D_{尺寸}$ (31×4.00×7.0)	$D_{尺寸}$ (39.2×4.00×19×6.9×2.4)			$E_{尺寸}$ (36×4.00×8.3)	$E_{尺寸}$ (46.9×4.00×24×8.3×3.8)
			$D_{尺寸}$ (29×4.50×6.9)	$D_{尺寸}$ (36.1×4.50×17×6.8×2.0)			$D_{尺寸}$ (34×4.50×8.3)	$E_{尺寸}$ (45.4×4.50×23×8.5×3.5)
			$E_{尺寸}$ (26×5.00×6.9)	$E_{尺寸}$ (33.0×5.00×15×6.8×1.5)			$D_{尺寸}$ (33×5.00×8.5)	$E_{尺寸}$ (42.3×5.00×21×8.4×3.2)

续表 6.5.1-2

圆曲线半径	单车道匝道（Ⅰ型）		牵引车+低平板半挂车 长×宽×扫空间宽度	牵引车+多轴多轮液压悬挂挂车 长×宽×轴线×扫空间宽度×外摆值	双车道匝道（Ⅱ型）		牵引车+低平板半挂车 长×宽×扫空间宽度	牵引车+多轴多轮液压悬挂挂车 长×宽×轴线×扫空间宽度×外摆值
	加宽值	路面宽			加宽值	路面宽		
120	0.00	7.50	$E_{尺寸}$(37×3.00×6.8) $D_{尺寸}$(35×3.50×6.9) $D_{尺寸}$(34×3.75×6.9) $D_{尺寸}$(33×4.00×6.9) $D_{尺寸}$(30×4.50×6.8) $E_{尺寸}$(28×5.00×6.9)	$E_{尺寸}$(48.5×3.00×25×6.9×3.4) $E_{尺寸}$(45.4×3.50×23×6.9×2.9) $D_{尺寸}$(43.8×3.75×22×6.8×2.7) $D_{尺寸}$(42.3×4.00×21×6.8×2.4) $D_{尺寸}$(39.2×4.50×19×6.9×2.0) $E_{尺寸}$(36.1×5.00×17×6.9×1.6)	0.00	9.00	$E_{尺寸}$(42×3.00×8.2) $E_{尺寸}$(41×3.50×8.5) $E_{尺寸}$(40×3.75×8.4) $E_{尺寸}$(39×4.00×8.4) $E_{尺寸}$(37×4.50×8.4) $E_{尺寸}$(35×5.00×8.4)	$E_{尺寸}$(56.2×3.00×30×8.5×4.8) $E_{尺寸}$(53.1×3.50×28×8.3×4.2) $E_{尺寸}$(51.6×3.75×27×8.3×3.9) $E_{尺寸}$(51.6×4.00×27×8.5×3.9) $E_{尺寸}$(48.5×4.50×25×8.4×3.4) $E_{尺寸}$(45.4×5.00×23×8.3×2.9)
150	0.00	7.50	$E_{尺寸}$(40×3.00×6.7) $E_{尺寸}$(38×3.50×6.8) $E_{尺寸}$(37×3.75×6.8) $E_{尺寸}$(36×4.00×6.9) $D_{尺寸}$(33×4.50×6.8) $E_{尺寸}$(31×5.00×6.9)	$E_{尺寸}$(53.1×3.00×28×6.9×3.4) $E_{尺寸}$(50.0×3.50×26×6.9×3.0) $E_{尺寸}$(48.5×3.75×25×6.9×2.8) $E_{尺寸}$(46.9×4.00×24×6.9×2.5) $D_{尺寸}$(42.3×4.50×21×6.8×2.0) $E_{尺寸}$(39.2×5.00×19×6.9×1.6)	0.00	9.00	$E_{尺寸}$(47×3.00×8.5) $E_{尺寸}$(45×3.50×8.5) $E_{尺寸}$(44×3.75×8.4) $E_{尺寸}$(43×4.00×8.4) $E_{尺寸}$(41×4.50×8.5) $E_{尺寸}$(39×5.00×8.5)	$E_{尺寸}$(60.9×3.00×33×8.5×4.7) $E_{尺寸}$(59.3×3.50×32×8.5×4.4) $E_{尺寸}$(57.8×3.75×31×8.5×4.1) $E_{尺寸}$(56.2×4.00×30×8.4×3.9) $E_{尺寸}$(53.1×4.50×28×8.4×3.4) $E_{尺寸}$(50.0×5.00×26×8.4×2.5)

条文说明

表6.5.1-1根据《公路路线设计规范》（JTG D20—2017）规定的匝道圆曲线半径和路面加宽值，结合大件运输车辆转弯轨迹模拟结果，确定了各级大件运输车辆可通过的匝道最小半径。表中牵引车+低平板半挂车为后轴无液压助力转向功能的车型，牵引车+多轴多轮液压悬挂挂车为各轴均具备液压助力转向功能的车型。表中给出了各大件运输分级中最大外廓尺寸组合对应的匝道最小半径和扫空空间参数。A、B级大件运输仅给出了匝道允许极限最小半径25m对应的扫空空间参数。大件运输外廓尺寸越大，转弯时的扫空空间越宽，如匝道圆曲线半径大于或等于表中指标时，则相应分级的大件运输可通过。

表6.5.1-1中Ⅰ型、Ⅱ型、Ⅳ型横断面取自《公路路线设计规范》（JTG D20—2017）的图11.3.2。Ⅳ型横断面对向分隔式双车道匝道按规定需在中央分隔带设置0.25m宽C值，此时匝道两侧护栏之间的净宽与Ⅰ型横断面相比仅少0.25m，而根据《公路立体交叉设计细则》（JTG/T D21—2014），相同半径情况下，Ⅳ型横断面加宽值大于Ⅰ型横断面，即设计规范已经考虑了横断面宽度不同的影响，通过调整加宽值确保车辆通行的一致性，且从Ⅰ型横断面匝道最大可通行车型来看普遍比相应等级的车型更长，容错性更好，因此Ⅰ型横断面可通行车型同样适用于Ⅳ型横断面。

表6.5.1-2根据极限转弯轨迹模拟结果，确定了匝道不同曲线半径和加宽宽度情况下允许通行的大件运输车货总体外廓尺寸和相应的扫空空间宽度与外摆值。对于牵引车+多轴多轮液压悬挂挂车，在进入曲线时，其尾部扫空空间要大于其他部位，即存在外摆值，实际评估时需注意核查缓和曲线路段的扫空空间参数。

对于Ⅲ型横断面，根据《公路路线设计规范》（JTG D20—2017），Ⅲ型横断面的加宽为Ⅱ型横断面的加宽值减去Ⅲ型和Ⅱ型横断面硬路肩的差值。因此Ⅲ型匝道可通行性条件可根据Ⅲ型横断面的加宽值与路面宽，按表6.5.1-2中双车道匝道对应的扫空空间参数确定。

查表6.5.1-1、表6.5.1-2时，车货总体距两侧护栏均预留了0.25m的空间。一方面，极限转弯轨迹模拟假定车辆沿设定的轨迹行驶偏于理想，实际通行中受驾驶经验影响，大件运输轨迹会有一定的摆动，需预留一定的空间。另一方面，考虑大件运输慢速通过匝道的可能性和实际需求，匝道两侧均预留了0.25m的极限空间，并需配套相关措施。实际大件运输过程中尽量预留更大的空间，以提高通行效率。

表6.5.1-2个别倒挂的原因是车长和车宽同时影响转弯通行性。但按车长和车宽确定的分级不同时，需要按最高级别确定分级，因此导致倒挂情况的出现。

6.5.2 符合下列条件时，匝道的空间可通行性应采用本规范附录B的验算法或附录C的仿真法进行评价：

1 按表6.5.1-1及表6.5.1-2的规定不能判定可通行性是否满足要求。
2 匝道横断面技术指标低于现行《公路路线设计规范》（JTG D20）规定的一般值。
3 其他特殊情况。

7 桥梁

7.1 一般规定

7.1.1 桥梁空间可通行性评价应符合本规范第 4 章和第 6 章的规定。

7.1.2 桥梁的刚度、强度、稳定性、抗倾覆性等性能应满足结构可通行性的要求。

7.1.3 应考虑桥梁技术状况等级、大件运输总质量和轴荷等，采用车辆荷载效应对比法和车辆荷载效应验算法评价桥梁结构可通行性。

条文说明

相对于桥梁设计时的设计荷载，大件运输桥梁结构可通行性评价时不同的只是设计荷载中车辆荷载的取值，大件运输通行桥梁时采用大件运输荷载。对两种作用效应进行比较，可以用于判定桥梁结构承载能力是否满足公路大件运输结构可通行性要求。

由于桥梁服役时间的增长、桥梁技术状况等级也会发生变化，从而影响结构的承载能力，因此本条规定了桥梁结构可通行性评价依据荷载效应与桥梁技术状况两个指标。

7.2 荷载作用

7.2.1 桥梁结构可通行性应按大件运输车货总体的荷载分布进行评价，并应考虑实际通行的其他车辆荷载。

条文说明

大件运输车货总体荷载的空间分布形式具有多样性，其荷载空间分布形式还与所运载货物质量及其布置形式相关。大件运输过程中常伴有护送车辆等其他荷载，因此，实际荷载分布需考虑除大件车辆外的实际通行车辆荷载。

7.2.2 大件运输车货总体的荷载纵向布置应符合下列规定：

1 在同向一个路幅的机动车道内，荷载效应加载长度范围内按仅行驶一辆大件运输车辆的形式布载，前后应无其他车辆荷载。

2 当大件运输车辆与护送车辆于桥上同一车道通行时,应按实际护送方案考虑车辆荷载的加载。

7.2.3 大件运输车货总体的荷载布置方式及其他车道荷载纵横向折减应符合下列规定:
1 在桥面居中布置。
2 对不设置中间带的机动车道或混合行驶车道的桥面,应沿桥面中心线的位置布载:当机动车道不多于 2 条时,车辆外侧车轮中线至路缘带外侧的距离不应小于 1m,如图 7.2.3-1 所示;当机动车道多于 2 条时,横桥向行驶范围不应大于 6m,如图 7.2.3-2所示。

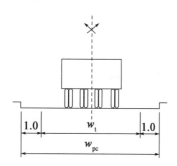
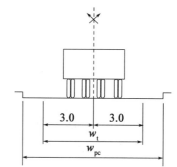

图 7.2.3-1　w_{pc} ≤2 条车道路面宽度(尺寸单位:m)
注:w_t 为大件运输车辆横向行驶范围;w_{pc} 为车位道总宽度。

图 7.2.3-2　w_{pc} > 2 条车道路面宽度(未设置中间带)(尺寸单位:m)

3 对设置中间带的机动车道的桥面,中间带两侧机动车道各为 2 条时,外侧车轮中线至桥梁护栏的距离不应小于 1m,且车辆在所在的半幅居中布置,横桥向行驶范围不应大于 6m,如图 7.2.3-3 所示;当中间带两侧机动车道各为 3 条或更多时,车辆在所在的半幅居中布置,横桥向行驶范围不应大于 6m,如图 7.2.3-4 所示。对于分幅桥面,大件运输车辆的横向布置应与设置中间带的机动车道的半幅桥面布置规定保持一致,如图 7.2.3-5 所示。

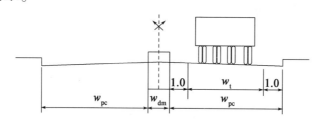

图 7.2.3-3　半幅 w_{pc} =2 条车道路面宽度(设置中间带)(尺寸单位:m)
注:w_{dm} 为中央分隔带宽度。

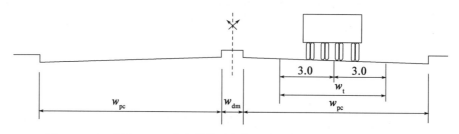

图 7.2.3-4　半幅 w_{pc} ≥3 条车道路面宽度(设置中间带)(尺寸单位:m)

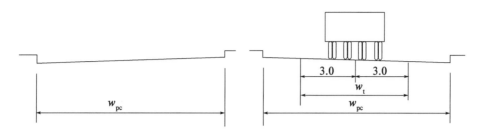

图 7.2.3-5 $w_{pc} \geq 3$ 条车道路面宽度（分幅桥面）（尺寸单位：m）

4 当封闭交通时，其他车道不布置车辆荷载；当不封闭交通时，其他车道应按实际通行车辆荷载布载。

5 当不封闭交通时，除大件运输车辆所在车道之外的其他车道应按现行《公路桥涵设计通用规范》（JTG D60）的规定考虑车辆荷载的横向折减，大件运输车辆不参与车辆荷载的折减。

6 当不封闭交通且桥梁计算跨径大于150m时，其他车道上的车辆荷载应按现行《公路桥涵设计通用规范》（JTG D60）的规定进行纵向折减。

条文说明

7.2.2、7.2.3 当不封闭交通时，除大件运输车辆所在车道外，其他车道如果允许车辆通行，则按现有规范的规定进行设计车辆荷载的布置。根据《公路桥涵设计通用规范》（JTG D60—2015）的规定，横桥向布置多车道汽车荷载时，要考虑汽车荷载的折减，但进行折减时要排除大件车辆所在车道，按剩余车道数作为横向布载车道数进行横向车道布载系数的取定。以图7-1所示设置中间带的双向六车道公路为例，大件运输车辆占用两车道行驶，剩余四车道按设计车辆荷载进行布载，此时根据《公路桥涵设计通用规范》（JTG D60—2015）的规定，取定横向布载系数为四车道对应布载系数0.67。

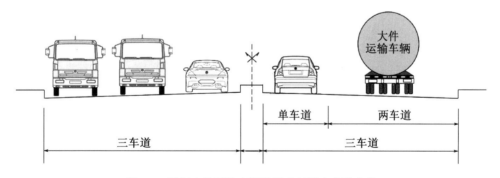

图 7-1 通行大件运输车辆的设中间带六车道公路

7.2.4 大件运输车货总体的荷载冲击系数 μ 应符合下列规定：

1 当通行速度小于或等于5km/h时，可不计入冲击系数，即 $\mu = 0$。

2 当通行速度大于5km/h且小于或等于20km/h时，应考虑大件运输车辆的冲击效应，冲击系数可按下列方法计算（f 为结构基频）：

1）当 $f<1.5\,\mathrm{Hz}$ 时，$\mu=0.05$；

2）当 $1.5\,\mathrm{Hz}\leqslant f\leqslant 14\,\mathrm{Hz}$ 时，$\mu=0.1767\ln f-0.0157$；

3）当 $f>14\,\mathrm{Hz}$ 时，$\mu=0.45$；

4）汽车荷载的局部加载及在T梁、箱梁悬臂板上的冲击系数采用 $\mu=0.3$。

条文说明

大件运输车辆低速行驶且不变速不制动时，冲击效应较小，因而可以不予考虑。但当其行驶达到一定速度时，冲击效应则不可忽视。冲击系数除了与结构频率有关之外，还与路面平整度、结构阻尼比、大件运输车辆的动力参数等多个因素有关。另外，不同种类的结构响应对应的冲击系数也不尽相同。本条中给出的冲击系数计算方式引用了《公路桥涵设计通用规范》(JTG D60—2015) 的相关规定。

7.2.5 大件运输通行桥梁时，温度荷载效应应符合下列规定：

1 应根据通行时的温度特征确定整体升降温荷载及其效应。

2 对梯度温度效应敏感的桥梁，还应考虑梯度荷载效应；当避开下午高温时段通行时，可不考虑梯度荷载效应。

条文说明

对于超静定结构体系桥梁，大件运输车辆通行时的结构温度一般不是合龙温度，因此整体升降温荷载及其效应需要考虑。另外，大量实测数据表明，桥梁截面温度分布不均匀程度最高一般发生在太阳辐射最强的13:00~15:00，钢桥、组合梁桥等结构梯度温度效应相较于混凝土结构更加突出，因此对于此类结构也需要考虑梯度荷载效应。

7.3 评价方法

7.3.1 结构可通行性应根据桥梁近一年内的技术状况等级进行评价。

条文说明

技术状况等级不同的桥梁，由于结构和构件性能退化程度不同，承载能力存在显著差异。根据《公路桥涵养护规范》(JTG 5120—2021) 以及《公路桥梁技术状况评定标准》(JTG/T H21—2011) 的规定，桥梁分为5类，分别为：

（1）1类桥梁承载能力与桥面行车条件符合设计标准。

（2）2类桥梁承载能力与桥面行车条件达到设计指标。

（3）3类桥梁承载能力比设计降低10%以内，桥面行车不舒适。

（4）4类桥梁承载能力比设计降低10%~25%。

（5）5类桥梁承载能力比设计降低25%以上。

7.3.2 依据桥梁技术状况等级、车货总体总质量荷载效应 S_b 与设计车辆荷载效应 S_d 的大小关系，应按下列规定进行结构可通行性评价：

  1 桥梁技术状况为 1 类、2 类的桥梁可采用本规范附录 D 的车辆荷载效应对比法评价公路大件运输的结构可通行性。当 S_b 大于或等于 S_d 时，应采用车辆荷载效应验算法评价公路大件运输的结构可通行性。

  2 桥梁技术状况为 3 类的桥梁应采用荷载效应验算法评价公路大件运输的结构可通行性。

  3 桥梁技术状况为 4 类、5 类的桥梁不满足公路大件运输安全通行的结构可通行性要求。

条文说明

车货总体总质量引起的荷载效应 S_b 与设计车辆荷载效应 S_d 的比较通常采用等代荷载比较法，即在同一结构形式用同一种影响线分别计算出大件运输车货总体荷载效应与设计车辆荷载效应，将两者进行比较，以判别大件运输能否安全通过桥梁或是否应进行加固。设计车辆荷载效应 S_d 应根据桥梁设计时所采用的荷载模式，设计时依据的公路桥梁设计规范若有修订更新，按设计时规范及现行规范分别考虑。

7.3.3 荷载效应验算法应根据现行《公路桥涵设计通用规范》（JTG D60）的规定，进行持久状况承载能力极限状态与持久状况正常使用极限状态的验算，结构可通行性验算指标可按表 7.3.3 确定。

表 7.3.3 桥梁结构可通行性验算指标

极限状态	验算指标
持久状况承载能力极限状态	1. 主梁、桥墩、桥塔、拱肋、基础的内力：轴力、剪力、弯矩、扭矩； 2. 主梁、桥墩、桥塔、拱肋的应力：正应力、剪应力； 3. 主缆、吊杆、斜拉索的轴力； 4. 支座的脱压、抗倾覆能力； 5. 桥梁整体和局部稳定性
持久状况正常使用极限状态	1. 裂缝宽度； 2. 挠度； 3. 正应力（预应力混凝土构件）； 4. 支撑处位移

7.3.4 桥梁结构按持久状况承载能力极限状态验算时，应采用作用的基本组合，进行结构承载力的验算；按持久状况正常使用极限状态验算时，应采用作用的标准组合，进行结构构件应力与桥梁结构挠度的验算。

7.3.5 除大件运输车货总体荷载外，其他作用与作用效应组合均应按现行《公路桥涵设计通用规范》（JTG D60）的相关规定执行。

7.3.6 按持久状况承载能力极限状态验算时，基本组合中结构重要性系数 γ_0 可取 1.0，大件运输车辆荷载分项系数 γ_{Q1} 应取 1.1；永久作用效应与大件运输车货总体荷载效应的标准值 S_{Gik}、S_{qik} 可按下列规定提高：

1 当大件运输车货总体荷载效应占总荷载效应小于或等于100%且大于60%时，S_{Gik}、S_{qik} 应提高3%。
2 当大件运输车货总体荷载效应占总荷载效应小于或等于60%且大于45%时，S_{Gik}、S_{qik} 应提高2%。
3 当大件运输车货总体荷载效应占总荷载效应小于或等于45%时，S_{Gik}、S_{qik} 可不提高。

7.3.7 桥梁承载力 R_c 应根据现行《公路桥梁承载能力检测评定规程》（JTG/T J21）的规定，按结构及构件的实际状况确定既有桥梁承载能力折减系数。

7.3.8 具有下列特征的桥梁，应重点进行公路大件运输通行时桥梁支座脱压与抗倾覆评价：
1 单点支承独柱墩梁桥。
2 采用小间距双支承的大悬臂整体式箱梁桥。

条文说明

近年来由于非法超载车辆违规通行现象屡禁不止，导致桥梁倾覆事故多有发生，尤以独柱墩单点支承梁桥最为突出，其破坏形式包括倾覆破坏、支座挤出破坏、主梁整体滑移破坏、桥墩承载力不足破坏等等。大件运输车辆通行时，车辆的横桥向布置对倾覆评价结论有显著的影响，因此评价时应同时给出交通组织和监测建议。

7.3.9 桥梁结构可通行性是否满足要求应按下列规定评价：
1 桥梁技术状况为1类、2类的桥梁且荷载效应 $S_b < S_d$ 时，在桥梁技术状况不变的情况下，满足结构可通行性要求；
2 桥梁技术状况为3类的桥梁和荷载效应 $S_b \geq S_d$ 的1类、2类桥梁，若荷载效应验算通过，在桥梁技术状况不变的情况下，满足结构可通行性要求；
3 桥梁技术状况为4类、5类的桥梁或未通过荷载效应验算的1类、2类、3类桥梁，不满足结构可通行性要求。

7.3.10 桥梁结构可通行性评价可按图7.3.10所示的流程进行。

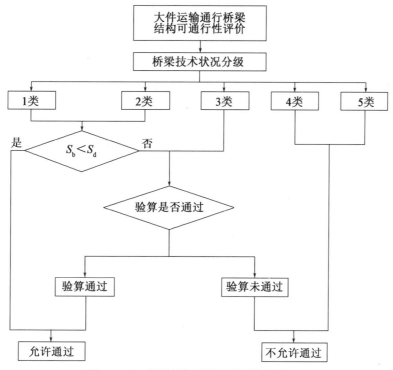

图 7.3.10 桥梁结构可通行性评价流程

7.4 结构监测

7.4.1 经常通行公路大件运输的桥梁，可采取结构监测措施。

7.4.2 采取结构监测的桥梁，应符合现行《公路桥梁结构监测技术规范》（JT/T 1037）的规定。

条文说明

通常需要进行荷载效应验算的桥梁在大件运输通行时可能面临承载能力富余度较低的风险。在大件运输通行时，可以结合既有健康监测设备，或针对关键位置设置监测测点，以监测桥梁结构在大件运输通行时的力学行为，并通过结构响应来控制桥梁的安全性。《公路桥梁结构监测技术规范》（JT/T 1037—2022）中给出了不同桥型的监测内容，包括了环境、作用、结构响应以及结构变化。大件运输车辆通行时的结构监测，重点关注通行前、中、后的各类监测内容的变化，包括桥梁不同部件的位移及变位、桥梁动力特性（模态、频率与阻尼）、关键构件的应变、裂缝的变化、缆索构件索力的变化以及支座位移等。

8 路基路面

8.1 一般规定

8.1.1 公路大件运输通行的公路路基路面，应评价路基路面、路堤支挡工程及高填方路基等结构可通行性。

8.1.2 应根据大件运输车货总体轴载分布、路基路面结构及材料性能，评价路基路面的结构可通行性。

8.1.3 路面结构承载力计算时，可将车货总质量均匀分布至挂车轮组，按实测胎压将车轮轮载简化为圆形均布荷载。

条文说明

根据国内各省（区、市）交通运输部门及运输企业车辆的调研，对于常用的大件运输车辆分为一线一轴、一线两轴、一线三轴和一线四轴的多纵列车辆，以四纵列九轴线液压挂车为例，示意图如8-1所示。在进行力学计算时根据车辆实际纵列数、轴线数、轴距、轴长和轮距进行计算。

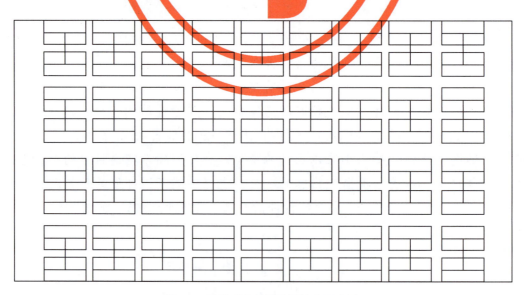

图 8-1 四纵列九轴线液压挂车示意图

8.2 路面承载力

8.2.1 应按实际大件运输车辆轴载分布计算路基顶面竖向压应变、沥青路面无机结合料稳定层层底拉应力和水泥混凝土面板临界荷位的最大荷载应力等力学参数。

条文说明

大件运输主要的作用特点为荷载轴重大且轴线多，易造成路面因超出极限承载能力而破坏。沥青路面半刚性基层具有较大的刚度，沥青层相对较薄，车辆荷载作用下沥青层底部处于挤压状态，因而弯拉应变破坏不予考虑。沥青层永久破坏属于多次荷载作用下沥青面层侧向流动形成的塑性累积变形。以单轴轴载20t[《超限运输车辆行驶公路管理规定》（交通运输部令2021年第12号）中上限值]，100轴线的车辆为例，按《公路沥青路面设计规范》（JTG D50—2017）及现有考虑车速和温度的车辙深度预估模型进行计算，所得车辙深度均小于10mm，未超出现行规范中对沥青混合料层容许永久变形的限定。因此，大件运输车货总质量作用下将半刚性层底部的弯拉破坏作为沥青路面承载能力极限控制指标；路基顶面竖向压应变作为沥青路面路基承载能力极限控制指标。

8.2.2 大件运输通过公路路面的结构可通行性应满足式（8.2.2）的规定。

$$K_p = \frac{[P]}{P} > 1.0 \tag{8.2.2}$$

式中：K_p——路面结构安全系数；
  $[P]$——路面结构内相应力学参数的容许值；
  P——通过计算得到的大件运输通过时路面结构的路基顶面竖向压应变、沥青路面无机结合料稳定层层底拉应力和水泥混凝土面板临界荷位的最大荷载应力等力学参数。

8.3 路堤支挡结构及填方路基稳定性

8.3.1 支挡结构无破损，且大件运输车货总质量均布的单轴轴载不大于14t时，除高路堤、陡坡路堤外，可不验算路堤支挡工程及填方路基稳定性，满足结构可通行性要求。

条文说明

《公路路基设计规范》（JTG D30—2015）中所规定的高路堤为路基填土边坡高度大于20m的路堤，陡坡路堤为地面斜坡陡于1:2.5的路堤。

8.3.2 需要验算的路堤支挡结构及填方路基，应考虑车货总质量、路堤支挡结构及填方路基实际状况，按现行《公路路基设计规范》（JTG D30）进行验算。

8.3.3 进行路堤支挡工程及填方路基稳定性验算时，应将车货总质量简化为均布荷载。

8.4 评价方法

8.4.1 各级大件运输通行路面结构符合表8.4.1-1及表8.4.1-2的规定时，满足结构可通行性要求。

表8.4.1-1 沥青路面结构可通行性

公路等级	纵列数	轴线数	可通行的大件运输质量等级
高速公路、一级公路	1	2	$C_{质量}$
	1	3	$C_{质量}$
	1	4	$C_{质量}$
	1	5	$C_{质量}$
	1	6	$C_{质量}$
	2	2	$C_{质量}$
	2	3	$B_{质量}$
	2	4	$B_{质量}$
	2	5	$B_{质量}$
	2	6	$A_{质量}$
二级、三级、四级公路	1	2	$C_{质量}$
	1	3	$C_{质量}$
	1	4	$C_{质量}$
	1	5	$B_{质量}$
	1	6	$B_{质量}$
	2	2	$C_{质量}$
	2	3	$B_{质量}$
	2	4	$A_{质量}$
	2	5	$A_{质量}$
	2	6	$A_{质量}$

注：1. 表中所列大件运输分级见表3.2.5。
2. 表中纵列数指沿垂直于行车方向一个断面内所排列的轴数。
3. 表中轴线数指沿行车方向所排列的轴组数。
4. 当车辆纵列数和轴线数超出上表范围时，按照上表中2纵列6轴线对应的最大运输分级选择。
5. 每轴每侧轮胎应为双轮，若每轴每侧轮胎为单轮胎，可通行的大件运输质量等级应较本表降低一个等级，但安装符合国家有关标准的加宽轮胎的除外。

表 8.4.1-2 水泥混凝土路面结构可通行性

公路等级	作用在同一块水泥混凝土面板上的车辆参数		可通行的大件运输质量等级			
			公路自然区划			
	纵列数	轴线数	Ⅱ、Ⅳ	Ⅲ	Ⅳ、Ⅵ	Ⅶ
高速公路、一级公路	1	1	$E_{质量}$	$E_{质量}$	$E_{质量}$	$E_{质量}$
		2	$E_{质量}$	$E_{质量}$	$E_{质量}$	$E_{质量}$
		3	$E_{质量}$	$E_{质量}$	$E_{质量}$	$E_{质量}$
	2	1	$E_{质量}$	$D_{质量}$	$E_{质量}$	$D_{质量}$
		2	$E_{质量}$	$D_{质量}$	$E_{质量}$	$D_{质量}$
		3	$E_{质量}$	$E_{质量}$	$E_{质量}$	$E_{质量}$
二级、三级、四级公路	1	1	$D_{质量}$	$D_{质量}$	$D_{质量}$	$C_{质量}$
		2	$D_{质量}$	$D_{质量}$	$D_{质量}$	$D_{质量}$
		3	$E_{质量}$	$E_{质量}$	$E_{质量}$	$E_{质量}$
	2	1	$C_{质量}$	$C_{质量}$	$C_{质量}$	$B_{质量}$
		2	$C_{质量}$	$C_{质量}$	$C_{质量}$	$B_{质量}$
		3	$C_{质量}$	$C_{质量}$	$C_{质量}$	$C_{质量}$

注：1. 表中所列大件运输分级见表 3.2.5。
2. 公路自然区划见现行《公路自然区划标准》（JTJ 003）。
3. 纵列数指沿垂直于行车方向所排列的轴数。
4. 轴线数指沿行车方向所排列的轴组数。
5. 当车辆实际配置超出上表范围时，按照上表中最大组合进行取值。
6. 每轴每侧轮胎应为双轮，若每轴每侧轮胎为单轮胎，可通行的大件运输质量等级应较本表降低一个等级，但安装符合国家有关标准的加宽轮胎的除外。

条文说明

表中所列纵列数和轴线数为大件运输车辆横向轴型布置方式，以图 8-1 为例，垂直于行车方向有 4 个单轴双轮组，故其为 4 纵列，每一纵列内沿行车方向共有 9 个单轴双轮组，故图 8-1 车辆为 4 纵列 9 轴线车辆。经研究发现，荷载在沥青路面中的最大影响范围约为 6m，即当两根轴的距离大于 6m 时其作用效应不存在叠加。因此，对于沥青路面上的大件运输车辆，表 8.4.1 中最高仅列到 2 纵列 6 轴线。对于车辆纵列数和轴线数超出 2 纵列 6 轴线的车辆，可按表 8.4.1 中 2 纵列 6 轴线的最大单轴荷载进行取值。故对于图 8-1 中所示的大件运输车辆，当行驶于高速公路上时，其轴荷等级不超过 $A_{质量}$ 级时满足结构可通行性。

8.4.2 符合下列条件的路基路面结构，应按本规范附录 E 评价路面结构可通行性：
1 车货总体实际轴荷超出表 8.4.1-1 及表 8.4.1-2 的规定。
2 现状技术指标不符合现行《公路工程技术标准》（JTG B01）的规定。
3 现行《公路路基设计规范》（JTG D30）中限定的特殊土路基的路段。

8.4.3 路堤支挡工程及填方路基应根据稳定性验算结果判断其结构可通行性。

9 隧道

9.1 一般规定

9.1.1 应根据车货总体外廓尺寸及隧道实际断面尺寸,评价隧道空间可通行性。

9.1.2 隧道底板有特殊要求的,应评价其结构可通行性。

9.2 空间可通行性

9.2.1 大件运输通行隧道的空间可通行性评价应符合下列规定:

1 车货总体外廓距离隧道侧壁包括检修道不应小于 0.5m;当货物的宽度超过挂车宽度时,货物底部高于检修道顶面不应小于 0.2m;车辆或货物底缘距离路面不应小于 0.2m;顶部距离隧道洞顶(含所有设备)不应小于 0.2m。

2 隧道内最大超高或路拱处,应考虑车货总体产生的倾斜情况,并应符合本条第 1 款的要求。

条文说明

大件运输在隧道内最小平曲线半径、最小竖曲线半径路段通行时,空间可通行性要评价车货总体外廓与路面、隧道内建筑限界的距离。

隧道内最大超高或路拱处,路面横坡使车辆倾斜,如图 9-1 所示,车辆倾斜影响值 $\Delta b = H \times i\%$,i 为路面横坡,H 为车货总体总高度,B 为总宽度。

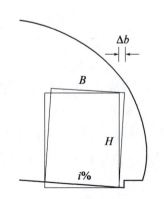

图 9-1 车辆在隧道内行驶的空间示意

9.2.2 隧道内路面不平整时，应考虑车辆倾斜、震动等对车货总体外廓与建筑限界距离的影响。

条文说明

　　隧道内路面不平时，车货总体由路面不平产生的倾斜、颠簸对建筑限界的影响参考本规范第 9.2.1 条相关要求评价。由路面不平产生的颠簸引起的倾斜，能通过降低车速减小影响。

9.3　结构可通行性

9.3.1 隧道底部有溶洞、软弱地基等采取过特殊工程措施时，应根据基础处置类型，按本规范第 7 章或第 8 章的方法进行结构可通行性评价。

9.3.2 结构承载力验算时，车货总质量可均匀分布至挂车轮组。

10 交通工程及沿线设施

10.0.1 公路大件运输通行时，对公路沿线的护栏、标志、防眩设施、监控外场设备与照明杆柱、ETC门架系统、绿化以及公路上方的线缆等设施，应按本规范第4章的方法评价空间可通行性。

条文说明

主要评价大件运输通行路段上护栏、标志、防眩设施、监控外场设备及照明杆柱、ETC门架系统、绿化、公路上方的线缆等设施的约束，是否满足空间可通行性。

10.0.2 大件运输需要使用服务设施时，服务设施的出入匝道、连接部应按本规范第5、6章的方法评价空间可通行性。

条文说明

大件运输车辆进出高速公路服务设施时，匝道、连接部的可通行性评价方法见本规范第6章，大件运输车辆进出普通公路服务设施时，接入口的可通行性评价方法见本规范第5章。

10.0.3 大件运输能够进入的服务设施，应按本规范第4章的方法评价服务设施场内道路的空间可通行性以及场内是否有可用停车空间。

10.0.4 大件运输需要通过的收费站，应评价超宽车道和超限检测设备的可通行性。

条文说明

收费站的最外侧一般是超宽车道，评价大件运输通过超宽车道的空间可通行性；评价高速公路收费站入口前的超限检测设备，避免大件运输通过时被损坏。

11 交通组织与应急预案

11.0.1 交通组织的评价应包括路线选择、护送方案、监控、交通组织措施、天气影响等。

11.0.2 应急预案的评价应包括临时停车、货物松动处置、交通事故、施工作业、恶劣天气等事件的处置。

11.0.3 大件运输路线选择应遵循安全性、通过性、经济性的原则。

附录 A 评价报告及封面与扉页式样

A.1 评价报告格式

A.1.1 评价报告应包括下列内容：
1 封面；
2 扉页；
3 目录；
4 正文；
5 附录。

A.1.2 评价报告应采用 A4 幅面，左侧装订。

A.1.3 评价报告封面式样如图 A.1.3 所示，宜包括下列内容：
1 评价项目名称；
2 标题宜统一为"公路大件运输安全通行评价报告"；
3 承担单位名称；
4 报告完成日期。

A.1.4 扉页式样如图 A.1.4 所示，宜包括下列内容：
1 评价项目名称；
2 标题宜统一为"公路大件运输安全通行评价报告"；
3 承担单位负责人、技术负责人、项目负责人及主要参加人员姓名；
4 承担单位名称及公章或技术成果章；
5 报告完成日期。

A.1.5 目录宜包括下列内容：
1 概述；
2 评价项目概况；
3 空间可通行性评价；
4 结构可通行性评价；
5 交通组织和应急预案（若有）；

评价项目名称(二号宋体加粗)

公路大件运输安全通行评价报告

(一号黑体加粗)

承担单位名称(三号宋体加粗)

评价报告完成日期(三号宋体加粗)

图 A.1.3　封面式样

评价项目名称（二号宋体加粗）

公路大件运输安全通行评价报告

（一号黑体加粗）

单位负责人：（四号宋体加粗）

技术负责人：（四号宋体加粗）

项目负责人：（四号宋体加粗）

主要参加人员：（四号宋体加粗）

承担单位名称及公章：（四号宋体加粗）

承担单位资质证书名称及编号：（四号宋体加粗）

评价报告完成日期：（四号宋体加粗）

图 A.1.4　扉页式样

6 关键桥梁结构性能监测方案与技术状态检查要求（若有）；
7 评价结论与建议。

A.2 评价报告正文与附录

A.2.1 评价报告正文应由概述、评价项目概况、空间可通行性评价、结构可通行性评价、评价结论与建议等部分组成。

A.2.2 概述部分应阐明大件运输的背景及目的、评价依据、勘测情况和评价过程。

A.2.3 评价项目概况应包括大件运输车货总体技术状况与通行的公路概况，并应符合下列规定：
1 车货总体技术状况应阐述下列内容：
1）牵引车车型、品牌型号、动力参数、驱动形式、轮胎型号、传动比、轮边减速比、轴距、轮距、轴荷等；
2）挂车车型、轴数、轮距、轮胎型号（充气胎、填充胎还是实心轮胎）、轮胎充气气压、悬挂中心距、挂车长宽高参数、转向模式等；
3）各轴轴荷、车货总质量；
4）车货总体外廓、轴间距、整车组最小转弯半径；
5）货物的长宽高尺寸、重心位置、支座位置、绑扎索具等，并附装载示意图。
2 通行的公路概况应阐述下列内容：
1）经过的线路编号、公路技术等级、线路变换的节点名称及位置、沿线最小公路限界指标及位置；
2）平面交叉的通行轨迹以及需要临时交通组织采取特殊方式通行的路段区间，并附通行路线图；
3）立体交叉的通行轨迹以及需要临时交通组织采取特殊方式通行的路段区间，并附通行路线图；
4）通行路线上所有桥梁的结构类型、设计荷载、最近一次检测的技术状况等级与检测时间、独柱墩桥；
5）通行路线上所有路基路面的结构类型、设计荷载、最近一次的路面质量评定结果和评定时间；
6）通行路线上所有隧道的横断面形式、最近一次检测的技术状况等级和时间；
7）通行路线上可能限制通行的交通工程及沿线设施。

A.2.4 空间可通行性评价应对通行大件运输的路线、平面交叉、立体交叉、隧道、交通工程及沿线设施等进行评价。

A.2.5 结构可通行性评价应对通行大件运输的桥梁、路基路面、隧道等进行评价。

A.2.6 评价结论与建议应包括评价结论和通行建议一览表，并应符合下列规定：
 1 评价结论应明确大件运输通行路径可通行、不可通行、采取改善措施后可通行。
 2 通行建议一览表宜包括通行路线、通行桥梁的具体技术要求、独柱墩桥及其他重点路段的通行要求等。

A.2.7 评价报告附录应由下列部分组成：
 1 委托书；
 2 大件运输牵引车、挂车与装载示意图；
 3 大件运输通行路线图。

附录 B 空间可通行性验算法

B.1 平曲线空间可通行性验算法

B.1.1 牵引车+低平板半挂车的平曲线空间可通行性应符合下列规定：

1 牵引车+低平板半挂车转弯的状态可简化为图 B.1.1 所示的模型。

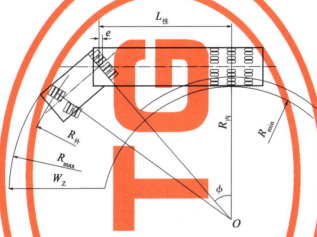

图 B.1.1 牵引车+低平板半挂车转弯示意图

2 根据图 B.1.1 的几何关系，牵引车+低平板半挂车的转弯通道宽度应按式（B.1.1-1）、式（B.1.1-2）和式（B.1.1-3）计算。转弯通道宽度应小于或等于通行路线提供的横向路面宽度。

$$W_z = R_{外} - R_{内} + 0.5 \quad (\text{B.1.1-1})$$

$$R_{内} = \frac{L_{挂}}{\tan\phi} - \frac{L_{轮挂}}{2} \quad (\text{B.1.1-2})$$

$$R_{外} = \sqrt{\left[\sqrt{\left(\frac{L_{挂}}{\sin\phi}\right)^2 - e^2} + \frac{L_{轮牵}}{2}\right]^2 + L_a^2} \quad (\text{B.1.1-3})$$

式中：$R_{内}$——低平板半挂车内轮转弯半径（m）；

$R_{外}$——牵引车前外轮转弯半径（m）；

$L_{挂}$——牵引销到挂车转动中心轴的距离（m）；

ϕ——铰接角（°）；

$L_{轮挂}$——低平板半挂车轮距（m）；

e——牵引销与牵引车后轴的偏置距（m）；

$L_{轮牵}$——牵引车轮距（m）；

L_a——牵引车轴距（m）；

W_z——转弯通道宽度（m）；

0.5——安全宽度（m）。

3 车货总体最大扫空空间宽度应按式（B.1.1-4）、式（B.1.1-5）和式（B.1.1-6）计算。车货总体最内侧转弯半径至最外侧转弯半径范围内不应存在阻碍悬架与货物通行的障碍物。

$$W_d = R_{max} - R_{min} + \sigma \quad (B.1.1-4)$$

$$R_{min} = \frac{L_{挂}}{\tan\phi} - \frac{D_{总}}{2} \quad (B.1.1-5)$$

$$R_{max} = \sqrt{\left[\sqrt{\left(\frac{L_{挂}}{\sin\phi}\right)^2 - e^2} + \frac{B}{2}\right]^2 + L_b^2} \quad (B.1.1-6)$$

式中：R_{min}——车货总体最内侧转弯半径（m）；

R_{max}——车货总体最外侧转弯半径（m）；

$D_{总}$——总宽度（m）；

B——牵引车车宽（m）；

L_b——牵引车前端到牵引车后轴的距离（m）；

σ——大件运输外廓边缘与护栏等设施或任意障碍物之间的预留空间（m），取值应符合本规范第4.2.1条的规定；

W_d——扫空空间宽度（m）。

条文说明

车辆的动力方式影响其转弯特性。考虑到大件运输车辆转弯时可以保持很小的速度，能够保证车辆通过即可，所以本规范提供的计算模型忽略离心力与轮胎变形等因素，假设转向瞬间各车轮绕同一中心点做圆周运动。

牵引车+低平板半挂车的挂车轴数通常较少，且挂车车轮无转向功能，驾驶员在遇到平曲线时，会转动转向盘，使转向轮带动牵引车转动，由于低平板半挂车后轮没有转向功能，此时牵引车纵向中心线和低平板半挂车纵向中心线的夹角在水平方向的投影，称为铰接角。当车辆以一定的速度做圆周运动转弯时，牵引车与挂车具有相同的角速度，为了保证铰接处的速度与车辆运行速度一致，牵引车与挂车的转动中心应该重合。

转弯通道宽度根据大件运输车辆的实际通行位置确定。若大件运输车辆通行处于平曲线上的独柱墩桥梁时，偏于外侧加载易导致桥梁横向倾覆破坏。根据《公路桥涵养护规范》（JTG 5120—2021）第6.4.2条："超重车辆过桥时，超重车辆应沿桥梁结构的中心线行驶"。因此，大件运输车辆通行小半径弯桥、独柱墩桥梁时，通常考虑居中行驶，此时的转弯通道宽度应按车辆居中通行计算。

B.1.2 牵引车 + 多轴多轮液压悬挂挂车的平曲线空间可通行性评价应符合下列规定：

1 牵引车 + 多轴多轮液压悬挂挂车转弯的状态可简化为图 B.1.2 所示的模型。

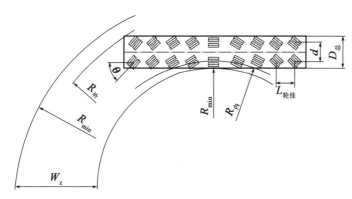

图 B.1.2 牵引车 + 多轴多轮液压悬挂挂车转弯示意图

2 根据图 B.1.2 的几何关系，牵引车 + 多轴多轮液压悬挂挂车转弯通道宽度应按式（B.1.2-1）、式（B.1.2-2）和式（B.1.2-3）计算。转弯通道宽度应小于或等于通行道路提供的横向路面宽度。

$$W_z = R_外 - R_内 + 0.5 \tag{B.1.2-1}$$

$$R_内 = \frac{L_{轮挂}(N_a - 1)}{2\tan\theta} \tag{B.1.2-2}$$

$$R_外 = \sqrt{\left[\frac{L_{轮挂}(N_a - 1)}{2\tan\theta} + L_a\right]^2 + \left[\frac{L_{轮挂}(N_a - 1)}{2}\right]^2} \tag{B.1.2-3}$$

式中：N_a——轴数；

θ——多轴多轮液压悬挂挂车第一轴线内侧轮胎转向角度（°）。

3 车货总体最大扫空空间宽度应按式（B.1.2-4）、式（B.1.2-5）和式（B.1.2-6）计算。车货总体最内侧转弯半径至最外侧转弯半径范围内不应存在阻碍悬架与货物通行的障碍物。

$$R_{\min} = \frac{L_{轮挂}(A - 1)}{2\tan\theta} - \frac{D_总 - d}{2} \tag{B.1.2-4}$$

$$R_{\max} = \sqrt{\left[\frac{L_{轮挂}(N_a - 1)}{2\tan\theta} + \frac{D_总 + d}{2}\right]^2 + \left(\frac{L_{轮挂}N_a}{2} + C\right)^2} \tag{B.1.2-5}$$

$$W_d = R_{\max} - R_{\min} + \sigma \tag{B.1.2-6}$$

式中：d——多轴多轮液压悬挂挂车轴距（m）；

C——多轴多轮液压悬挂挂车动力机组长度（m）。

条文说明

牵引车 + 多轴多轮液压悬挂挂车的转弯半径由所牵引的液压悬挂挂车转弯半径决

定，牵引车因车身较短，转弯角度大，基本不增加车辆整体转弯半径。液压悬挂挂车具有多轮轴，以很多内置有液压缸的独立悬架为基本承载单元，通过液压管路连接各悬架液压缸，且具有液压全轮牵引转向或手动控制转向。液压悬挂挂车通常采用双向转弯的转向方式。其特点是：必须使用两组转向油缸，轮胎随圆弧切线方向转向，转向角度第一轴线和最后一轴线为最大，依次到中间不转向的一轴线或中间转向的两轴线（锁死轴）。

B.2 平曲线超高路段横向稳定性验算法

B.2.1 大件运输车的横向行驶稳定性应符合式（B.2.1）的规定。

$$V \leq v_{hmax} \quad (B.2.1)$$

式中：V——大件运输车的可通行速度（km/h）；

v_{hmax}——满足大件运输车辆横向行驶稳定性的最大速度（km/h）。

B.2.2 满足大件运输车辆横向行驶稳定性的最大速度应按式（B.2.2）计算。

$$\begin{cases} v_{hmax} = \min(v_{ch}, v_{cf}) \\ v_{ch} = \sqrt{\dfrac{gR(\mu + i_h)}{1 - \mu i_h}} \\ v_{cf} = \sqrt{\dfrac{127R(b + 2hi_h)}{2h - bi_h}} \end{cases} \quad (B.2.2)$$

式中：v_{ch}——大件运输车侧滑的临界行驶速度（km/h）；

v_{cf}——大件运输车侧翻的临界行驶速度（km/h）；

g——重力加速度（m/s²）；

R——最内侧转弯半径（m）；

μ——横向力系数；

i_h——超高值；

b——大件运输车轮距（m）；

h——车货总体重心高度（m）。

条文说明

式（B.2.2）的侧翻是以大件运输车外侧轮胎中心为转轴，其他转轴的侧翻不适用于式（B.2.2）。

B.2.3 在平曲线超高路段停车时，大件运输车停车时的横向稳定性应符合式（B.2.3）的规定。

$$i_h < \dfrac{b}{2h} \quad (B.2.3)$$

B.3 载重状态下牵引车爬坡能力验算法

B.3.1 汽车的最大爬坡能力可采用最大爬坡坡度评定。

条文说明

最大爬坡坡度为大件运输车辆在路面上用最低挡行驶时所能克服的最大坡度。

B.3.2 最低挡所能克服的最大坡度计算步骤应符合下列规定：

1 动力因数 D 应按式（B.3.2-1）、式（B.3.2-2）、式（B.3.2-3）、式（B.3.2-4）和式（B.3.2-5）计算。

$$D = PV^2 + QV + W \tag{B.3.2-1}$$

$$P = -\frac{1}{G}\left[\frac{7.036 U\gamma^3 \eta_\tau (M_{\max} - M_N)}{r^3 (n_N - n_M)^2} + \frac{KA}{21.15}\right] \tag{B.3.2-2}$$

$$Q = \frac{5.305 U\gamma^2 \eta_\tau n_M}{r^2 G (n_N - n_M)^2}(M_{\max} - M_N) \tag{B.3.2-3}$$

$$W = \frac{U\gamma \eta_\tau}{rG}\left[M_{\max} - \frac{M_{\max} - M_N}{(n_N - n_M)^2} n_M^2\right] \tag{B.3.2-4}$$

$$M_N = 9549 \frac{N_{\max}}{n_N} \tag{B.3.2-5}$$

式中：D——动力因数，牵引力（总牵引力减空气阻力）和汽车总重之比，即单位重量的后备牵引力；

P、Q、W——动力因数计算参数；

V——车辆行驶速度（km/h），一般可取最低挡的平均通行速度；

U——负荷率，一般取 80% ~ 90%；

γ——传动器变速比；

η_τ——传动系统的机械效率，一般取 0.80 ~ 0.85；

$M_{\max}$——最大扭矩（N·m）；

M_N——最大功率所对应的扭矩（N·m）；

$N_{\max}$——发动机的最大功率（kW）；

n_N——最大功率所对应的转速（r/min）。

n_M——最大扭矩所对应的转速（r/min）；

r——车轮工作半径（m），即变形半径，一般为未变形 r_0 的 0.93 ~ 0.96 倍；

K——空气阻力系数，它与汽车的流线型有关，可按表 B.3.2-1 选用或查阅有关资料；

A——汽车迎风面积（或称正投影面积）（m²），可按表 B.3.2-1 选用或查阅有关资料。

表 B.3.2-1 汽车的空气阻力系数与迎风面积

车型	迎风面积（m²）	空气阻力系数
载重车	3.0~7.0	0.60~1.00

2 动力因数 D 的海拔荷载修正系数 λ 应按式（B.3.2-6）和式（B.3.2-7）计算。

$$\lambda = \xi \frac{G}{G'} \quad (B.3.2\text{-}6)$$

$$\xi = (1 - 2.26 \times 10^{-5} H)^{5.3} \quad (B.3.2\text{-}7)$$

式中：ξ——海拔系数；

H——海拔高度（m）；

G——满载时汽车的总重力（N）；

G'——实际装载时汽车的总重力（N）。

3 最低挡所能克服的最大坡道坡度应按式（B.3.2-8）和式（B.3.2-9）计算。

$$i_{max} = \tan\alpha_{max} \quad (B.3.2\text{-}8)$$

$$\alpha_{max} = \sin^{-1}\left(\frac{\lambda D_{max} - f_g\sqrt{1-\lambda^2 D_{max}^2 + f_g^2}}{1+f_g^2}\right) \quad (B.3.2\text{-}9)$$

式中：i_{max}——最大爬坡坡度；

α_{max}——最低挡所能克服的最大坡道倾角（°）；

D_{max}——最低挡的最大动力因数；

f_g——滚动阻力系数，各类路面滚动阻力系数取值可按表 B.3.2-2 执行，雨雪冰冻情况下该系数取值应结合区域内相关资料合理选取。

表 B.3.2-2 各类路面滚动阻力系数

路面类型	水泥及沥青混凝土路面	表面平整的黑色碎石路面	碎石路面	干燥平整的土路	潮湿不平整的土路
滚动阻力系数	0.01~0.02	0.02~0.025	0.03~0.05	0.04~0.05	0.07~0.15

B.3.3 应以计算的最低挡车辆通行所能克服的最大坡度为依据，根据不同路线纵断面线形技术指标情况合理选择大件运输车辆通行路线；当选择道路纵坡坡度较大、车辆动力无法满足通行要求时，应调整运输车辆类型。

B.4 上坡路段大件运输车辆阻力计算方法

B.4.1 大件运输车在上坡路段行驶的阻力应按式（B.4.1）计算。

$$R_{阻} = R_w + R_f + R_i \quad (B.4.1)$$

式中：$R_{阻}$——上坡路段大件运输车阻力（N）；
　　　R_w——空气阻力（N）；
　　　R_f——道路摩阻力（N）；
　　　R_i——坡度阻力（N）。

B.4.2 空气阻力 R_w 应按式（B.4.2）计算。大件运输车每节挂车的空气阻力按牵引车的20%折算。

$$R_w = \frac{KAV^2}{21.15} \quad (B.4.2)$$

式中：K——空气阻力系数可按表B.3.2-1选用或查阅有关资料。
　　　A——空气迎风面积（或称正投影面积）（m^2）；
　　　V——大件运输车行驶速度（km/h）。

B.4.3 道路摩阻力 R_f 应按式（B.4.3）计算。

$$R_f = G'f_g \cos\alpha \quad (B.4.3)$$

式中：R_f——道路摩阻力（N）；
　　　f_g——滚动阻力系数，具体数值可按表B.3.2-2执行；
　　　α——坡道倾角（°）；一般较小，$\cos\alpha \approx 1$。

B.4.4 车辆自重引起的坡度阻力 R_i 应按式（B.4.4-1）、式（B.4.4-2）计算。

$$R_i = G'\sin\alpha \quad (B.4.4-1)$$

因坡道倾角一般较小，可取 $\sin\alpha \approx \tan\alpha = i$，则：

$$R_i = G' \times i \quad (B.4.4-2)$$

式中：R_i——坡度阻力（N）；
　　　i——纵坡度，上坡为正，下坡为负（%）。

B.4.5 计算出大件运输车在上坡路段的阻力，应与车辆以最低挡15km/h速度通行时的动力进行比较，动力可按本规范第B.3节的规定进行计算。当动力大于阻力时，车辆可按要求的速度正常通行。

B.5 竖曲线空间可通行性验算法

B.5.1 大件运输竖曲线空间可通行性评价应包括顶起失效、触头失效、拖尾失效以及车辆在跨线桥下凹形竖曲线位置通行时的净空评价等内容。

B.5.2 牵引车+低平板半挂车的顶起失效可通行性评价应按下列步骤进行：

1 牵引车+低平板半挂车顶起失效验算车辆几何尺寸及计算模型如图 B.5.2 所示。

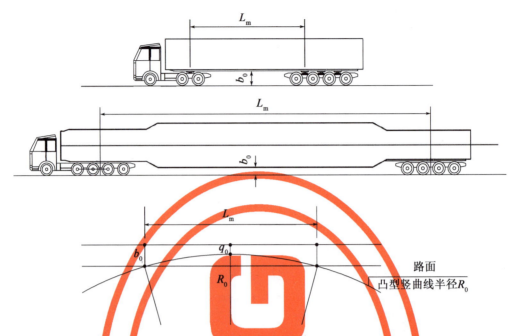

图 B.5.2 牵引车+低平板半挂车几何尺寸及顶起失效计算模型

2 为避免车辆通行时低平板半挂车底部或货物出现顶起失效状况，应保证低平板半挂车底部或货物最小离地距离 $q_0 > 0.2\mathrm{m}$，q_0 值按式（B.5.2-1）计算。

$$q_0 = b_0 + \sqrt{R_0^2 - \left(\frac{L_\mathrm{m}}{2}\right)^2} - R_0 \qquad （\text{B.5.2-1}）$$

式中：q_0——低平板半挂车底部或货物最小离地距离（m）；
L_m——车支点间最大距离或挂车上货物支点间最大距离（m）；
R_0——凸形竖曲线半径（m）；
b_0——低平板半挂车水平放置时车辆或货物底部正常离地距离（m）。

3 离地间隙允许最小凸形竖曲线半径 $R_{\min}$ 按式（B.5.2-2）确定。

$$R_{\min} = \frac{L_\mathrm{m}^2}{8(b_0 - q_0)} + \frac{b_0 - q_0}{2} \qquad （\text{B.5.2-2}）$$

式中：q_0——取 0.2m。

4 当凸形竖曲线半径 $R_0 \geq R_{\min}$ 时，离地间隙满足通行要求。

B.5.3 牵引车+多轴多轮液压悬挂挂车的顶起失效空间可通行性评价应符合下列规定：

1 多轴多轮液压悬挂挂车整个长度位于一个曲率半径的圆弧上时，多轴多轮液压悬挂挂车顶起失效可简化为图 B.5.3 所示。

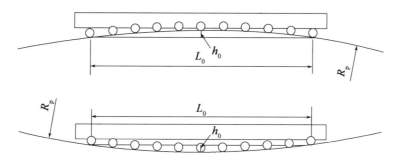

图 B.5.3 多轴多轮液压悬挂挂车竖曲线通行示意

2 假设承载后的半挂车主纵梁为一直线，多轴多轮液压悬挂挂车可通过的竖曲线半径应按式（B.5.3）确定。

$$R_P = \frac{L_0^2 + 4h_0^2}{8h_0}$$ （B.5.3）

式中：R_P——多轴多轮液压悬挂挂车可以通过的竖曲线半径（m）；

L_0——凸形竖曲线时为挂车第一轴至最后一轴的距离，凹形竖曲线时为挂车的主纵梁长度（m）；

h_0——挂车悬架的安全伸缩量（m），一般取 0.5m。

3 计算竖曲线半径小于通行的竖曲线半径时，多轴多轮液压悬挂挂车可通过竖曲线。

条文说明

由于多轴多轮液压悬挂挂车悬架升降幅度的限制，当通过竖曲线半径较小的道路时，挂车的通过能力可能会受到影响。

B.5.4 触头失效应按式（B.5.4）检验计算，牵引车车头离地最小间距不宜小于 0.1m。

$$\gamma_1 > \arctan \Delta i$$ （B.5.4）

式中：γ_1——接近角（°）；大件运输车辆装载货物静止时，牵引车最前端突出点向前轮引切线，所引切线与地面之间的夹角，如图 B.5.4 所示；

Δi——上坡起点附近车头与前轮所在位置纵坡坡度差值（%）。

图 B.5.4 接近角示意

B.5.5 托尾失效应按式（B.5.5）检验计算，车辆或货物尾部离地最小间距不宜小于 0.1m。

$$\gamma_2 > \alpha$$ （B.5.5）

式中：γ_2——悬尾角（°）；大件运输车辆装载货物静止时，车辆最后端突出点向后轮引切线（切点 A），所引切线与车辆或货物悬出部分之间的夹角，如图 B.5.5 所示；

α——车辆最后端突出点处地面 B 向切点 A 连线，连线 AB 与车辆或货物悬出部分之间的夹角（°）。

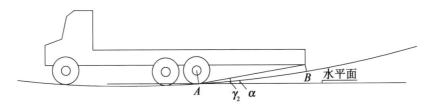

图 B.5.5 悬尾角示意

B.5.6 跨线桥下凹形竖曲线桥下净空损耗值应按式（B.5.6）计算，应验算扣除净空损耗值后的有效净空是否满足通行要求。

$$h_{损} = R - \sqrt{R^2 - \frac{L_m^2}{4}} \qquad (B.5.6)$$

式中：$h_{损}$——桥下净空损耗值（m）；

L_m——挂车支点间最大距离或桥式挂车上货物支点间最大距离（m）；

R——竖曲线半径（m）。

B.6 圆曲线视距计算/圆曲线最大可通行速度

B.6.1 大件运输车在圆曲线上行驶时，视距可按式（B.6.1）计算。

$$S = R \times \arccos\left(1 - \frac{h}{R}\right) \Big/ 28.65 \qquad (B.6.1)$$

式中：S——大件运输车的计算视距（m）；

R——行驶于圆曲线的大件运输车中线处的半径（m）；

h——最大横净距（m）。

条文说明

横净距是指在曲线路段内侧车道上的汽车驾驶员，为取得前方视距而需要保证获得的横向净空范围。内侧车道上驾驶员所需视线 AB 线的横向距离，即为横净距。图 B-1 中最大横净距 h 值是用于路线设计中检查安全行车所必需的视距范围，在该范围内的一切障碍物都要清除。大件运输车辆行驶于平曲线的横净距计算方法相同，但是横净距的起点位置以大件运输车辆驾驶员的

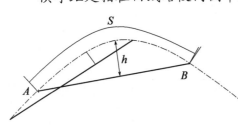

图 B-1 最大横净距示意

实际位置为准。

最大横净距计算方法分两种情况：一是曲线长 L 小于视距 S；二是曲线长 L 大于视距 S。每种情况又分为不设回旋线和设有回旋线两个不同的计算公式，见表 B-1。

表 B-1　最大横净距计算公式

线形	使用条件	计算公式	图示
不设回旋线	$L \geqslant S$	$h = R_s \left(1 - \cos \dfrac{\gamma}{2}\right)$	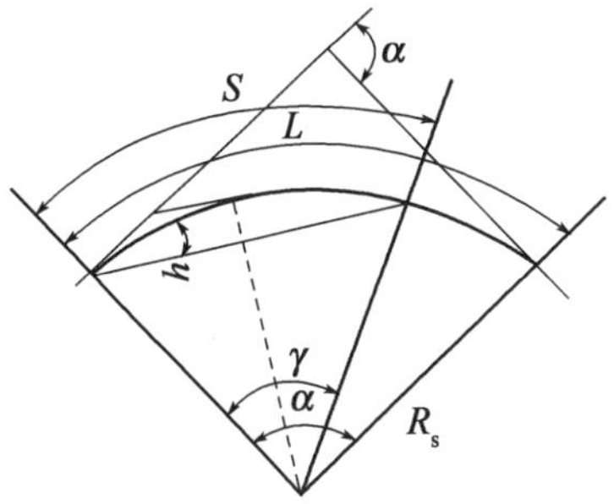
不设回旋线	$L < S$	$h = R_s \left(1 - \cos \dfrac{\alpha}{2}\right) + \dfrac{1}{2}(S - L_s)\sin \dfrac{\alpha}{2}$	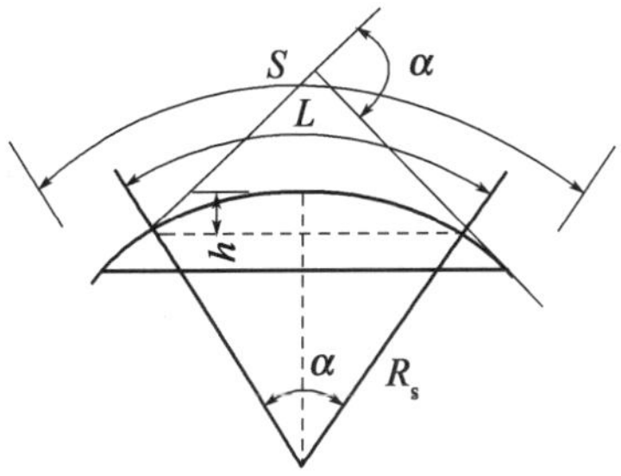
设回旋线	$L' \geqslant S$	$h = R_s \left(1 - \cos \dfrac{\gamma}{2}\right)$	—
设回旋线	$L > S > L'$	$h = R_s \left(1 - \cos \dfrac{\alpha - 2\beta}{2}\right) + (l - l')\sin\left(\dfrac{\alpha}{2} - \delta\right)$	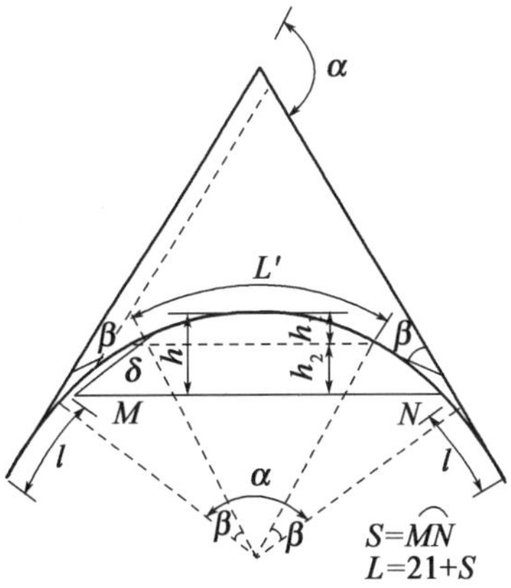
设回旋线	$L \leqslant S$	$h = R_s \left(1 - \cos \dfrac{\alpha - 2\beta}{2}\right) + l\sin\left(\dfrac{\alpha}{2} - \delta\right) + \dfrac{S - L_s}{2}\sin \dfrac{\alpha}{2}$	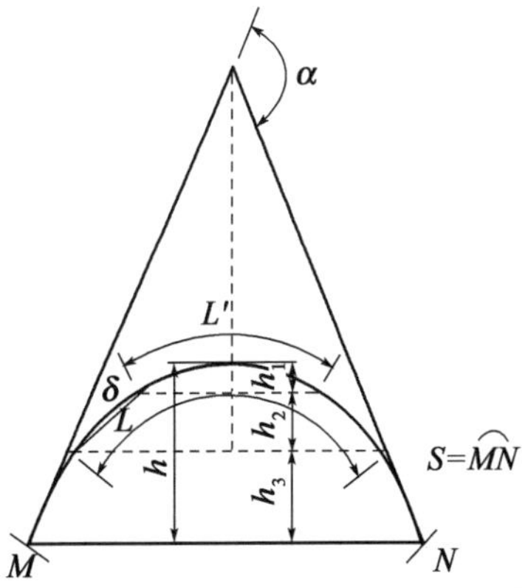

式中：L——平曲线长度（m）；

R_S——曲线内侧行驶轨迹的半径（m），其值为未加宽前路面内缘的半径加上 1.5m；

γ——视距线所对应的圆心角（°），$\gamma = \dfrac{180S}{\pi R_S}$；

α——圆曲线转角（°）；

L_S——曲线内侧行驶轨迹的长度（m），$L_S = \dfrac{\pi \alpha R_S}{180}$；

L'——圆曲线长度（m）；

l——回旋线长度（m）；

δ——计算参数，如式（B-1）所示：

$$\delta = \begin{cases} \tan^{-1}\left\{\dfrac{l}{6R_S}\left[l + \dfrac{l'}{l} + \left(\dfrac{l'}{l}\right)^2\right]\right\} & (L > S > L') \\ \tan^{-1}\dfrac{l}{6R_S} & (L < S) \end{cases} \tag{B-1}$$

l'——计算参数，$l' = \dfrac{1}{2}(L_S - S)$。

B.6.2 平曲线视距条件下最大可通行速度应按式（B.6.2）计算。

$$S = \dfrac{v_{max} t}{3.6} + \dfrac{v_{max}^2}{127(f_i \pm i)} + S_{safe} \tag{B.6.2}$$

式中：v_{max}——圆曲线最大可通行速度（km/h）；

t——反应时间（s），取 2.5s；

f_i——纵向摩阻系数，依车速及路面状态而定，可按现行《公路路线设计规范》（JTG D20）中不同速度、坡度条件下货车停车视距的规定进行推算；

i——纵坡坡度（%），上坡时取正值，下坡时取负值；

S_{safe}——安全距离（m），取 5~15m。

附录 C 空间可通行性仿真法

C.0.1 在通过复杂线形、平面交叉、互通立交、隧道等路段时，宜采用仿真法对空间可通行性进行评价。

C.0.2 仿真程序的功能应符合下列规定：
1 具备牵引车、挂车、货物等建模功能，并可仿真不同组合的扫空轨迹。
2 具备公路线形、障碍物等公路基础设施建模功能。
3 具备水平面、垂直面的扫空空间仿真功能，可对三维空间进行仿真。
4 具备扫空空间仿真结果定量指标数据输出功能。
5 具备仿真过程的查看与路径调整功能。

条文说明

根据实际车辆尺寸、牵引车和挂车等参数、货物尺寸、货物装载位置等，在仿真软件中建立大件运输车货模型，可以仿真出实际装载条件下的扫空空间。

扫空空间仿真结果在图形的基础上，能通过测量、导出坐标或其他数据的功能，辅助评价人员获取扫空空间的宽度、转角、高度等定量指标。

仿真程序除了可以得到大件运输在扫空空间的结果外，还增加了对过程的查看和调整功能的建议，评价人员可以通过查看仿真过程中车辆位置、轨迹的功能，了解掌握车辆轨迹、道路空间受限位置，通过调整路径等功能辅助提出优化措施。

C.0.3 大件运输空间可通行性仿真评价步骤应包括下列内容：
1 建立路线、平面交叉、互通立交等公路基础设施模型。
2 建立大件运输车辆、货物装载模型。
3 模拟大件运输扫空空间。
4 判断扫空空间与公路几何空间的关系，得出空间可通行性评价结论。

条文说明

根据实际通过的复杂公路路线、平面交叉、互通立交等路线、路侧设施等情况，建立道公路基础设施模型。

通过移动、调整扫空空间判断其与公路几何空间的关系，得出空间可通行性的评价结论。

附录 D　车辆荷载效应对比法

D.1　一般规定

D.1.1　车辆荷载效应对比法的设计车辆荷载效应 S_d 应仅计入汽车荷载效应，不应计入恒载及其他可变荷载。

D.1.2　车辆荷载效应对比法的大件运输车货荷载效应 S_b，在桥梁仅通行一辆大件运输车辆时仅计入大件运输车货的荷载效应，不应计入恒载及其他可变荷载；当其他车道通行车辆时，应根据本规范第 7.2.2 条计入其他车道的汽车荷载效应。

D.1.3　车辆荷载效应对比法应按式（D.1.3）判定桥梁结构承载能力是否满足大件运输结构可通行性要求：

$$S_b < S_d \tag{D.1.3}$$

式中：S_b——大件运输车货荷载效应值；
　　　S_d——设计车辆荷载效应值。

条文说明

　　D.1.1～D.1.3　相对于原桥设计荷载，大件运输车辆过桥时的桥梁验算，仅是设计车辆荷载与大件运输车辆荷载不同，因此对设计汽车荷载和大件运输车辆的作用效应进行比较，若大件运输车货作用效应 S_b 小于设计汽车荷载作用效应 S_d，可判定桥梁结构承载能力满足大件运输车辆通行要求。

D.2　验算内容及系数取定

D.2.1　车辆荷载效应对比法应包括上部结构主要效应比较与下部结构主要效应比较。

条文说明

　　对于梁桥而言，桥梁上部承载能力验算主要包括主梁抗剪承载力验算及抗弯承载力验算，因此以比较大件运输车辆与设计车辆荷载分别引起的主梁剪力效应与正（负）

弯矩效应为主。

对于拱桥、斜拉桥或悬索桥，其上部承载能力验算除主梁相应主要内力外，还包括拱肋、桥塔相应内力及主缆、吊杆、斜拉索轴力等。

下部结构的效应通常是由支座的支反力向下传递的，因此荷载效应比较时，以比较大件运输车辆与设计车辆荷载分别引起的支座支反力为主。

D.2.2 车辆荷载效应对比法中荷载效应应为考虑相应分项系数后的荷载效应组合值。设计车辆荷载效应宜为考虑1.4倍组合系数时的组合值，大件运输车货荷载效应宜为考虑1.1倍组合系数时的组合值。

条文说明

与常规车辆荷载相比，大件运输车辆其实际轴重分布及总重与验算时采取的计算图式通常差异较小，相对于常规车辆荷载更易控制，因此其车辆荷载效应组合系数较设计常规车辆荷载可以适当缩小。

D.2.3 设计车辆荷载效应宜按结构设计所依据的现行《公路桥涵设计通用规范》（JTG D60）进行荷载横向及纵向折减。

D.2.4 设计车辆荷载宜按结构设计所依据的现行《公路桥涵设计通用规范》（JTG D60）中的汽车冲击系数计算方法规定进行冲击系数的取定；大件运输车辆荷载的冲击系数应按本规范第7.2.3条规定进行取定。

D.2.5 横向多梁桥横向分布系数的取定，设计汽车荷载应按设计行车道宽度计算，大件运输车辆应按实际行车路线对应桥面位置计算。

条文说明

大件运输车辆通常按规划行驶路线行驶并严格控制行驶范围，一般选择位于桥面横向居中通行，故横向分布计算时按其实际在桥面上的位置进行。

D.3 荷载效应计算

D.3.1 设计车辆荷载效应组合宜按结构设计所依据的现行《公路桥涵设计通用规范》（JTG D60）相应规定，采用荷载基本组合，并应符合式（D.3.1）的规定：

$$S_d = \gamma_Q \times (1+\mu) \times C_q \times p \times q \times n \times S_{dk} \tag{D.3.1}$$

式中：S_d——设计车辆荷载效应值；

γ_Q——设计车辆荷载组合系数；

μ——设计车辆荷载冲击系数；

C_q——汽车荷载横向分布系数，对整体式现浇箱梁，此系数取1.0；

p——荷载横向折减系数；

q——荷载纵向折减系数；

n——车道数；

S_{dk}——一个车道设计汽车荷载效应标准值。

D.3.2 大件运输车辆荷载效应组合应按大件运输车辆实际轴重及轮重分布进行计算，并考虑其他车道实际通行荷载，并应符合式（D.3.2）的规定：

$$S_b = \gamma_{Q1} \times (1+\mu_1) \times C_{q1} \times S_{q1k} + \gamma_{Q2} \times (1+\mu_2) \times C_{q2} \times p \times q \times n \times S_{q2k}$$

（D.3.2）

式中：S_b——大件运输荷载效应值；

γ_{Q1}——大件运输车辆荷载组合系数；

μ_1——大件运输车辆荷载冲击系数；

C_{q1}——大件运输车辆荷载横向分布系数，对整体式现浇箱梁，此系数取1.0；

S_{q1k}——大件运输车辆荷载效应标准值；

γ_{Q2}——实际通行汽车荷载组合系数，与设计车辆荷载取值规定一致；

μ_2——实际通行汽车荷载冲击系数，与设计车辆荷载取值规定一致；

C_{q2}——实际通行汽车荷载横向分布系数，对整体式现浇箱梁，此系数取1.0；

p——汽车荷载横向折减系数；

q——汽车荷载纵向折减系数；

n——实际通行汽车车道数；

S_{q2k}——一个车道实际通行汽车荷载效应标准值。

附录 E 路面结构承载力验算法

E.1 沥青路面

E.1.1 沥青路面力学参数容许值应以大件运输车辆通过时发生一次性破坏进行验算。路基顶面竖向压应变容许值应按式（E.1.1-1）计算。沥青路面无机结合料稳定层的层底拉应力容许值应按式（E.1.1-2）计算。

$$[\varepsilon_z] = 1.25 \times 10^{4-0.1\beta}(k_{T3}N_{e4})^{-0.21} \quad (E.1.1-1)$$

式中：$[\varepsilon_z]$——路基顶面竖向压应变容许值（10^{-6}）；

N_{e4}——大件运输车辆轴线数，即大件运输车辆一次通过对路面的作用次数；

β——目标可靠指标，根据公路等级按现行《公路沥青路面设计规范》（JTG D50）进行取值；

k_{T3}——温度调整系数，按现行《公路沥青路面设计规范》（JTG D50）进行取值。

$$[\sigma] = \min\{\sigma_1, R_s\} \quad (E.1.1-2)$$

式中：$[\sigma]$——沥青路面无机结合料稳定层的层底拉应力容许值；

σ_1——大件运输车辆通过一次性破坏时沥青路面无机结合料稳定层的层底拉应力（MPa），按式 E.1.1-3 确定；

R_s——无机结合料稳定类材料的弯拉强度（MPa）。

$$\sigma_1 = R_s b^{-1}(N_{e4}k_{T2}k_a^{-1} + a + k_c - 0.57\beta) \quad (E.1.1-3)$$

式中：a、b——疲劳试验回归参数，按现行《公路沥青路面设计规范》（JTG D50）进行取值；

k_{T2}——温度调整系数，按现行《公路沥青路面设计规范》（JTG D50）进行取值；

k_a——季节性冻土地区调整系数，按现行《公路沥青路面设计规范》（JTG D50）进行取值；

k_c——现场综合修正系数，按现行《公路沥青路面设计规范》（JTG D50）进行取值。

条文说明

由于大件运输车辆属于特殊车辆，目前无相应的车辆轴载换算方法，无法确定大件运输车辆一次通过与沥青路面设计轴载次数间的换算关系。因此，选择大件运输车辆通过时是否发生一次性破坏作为判断大件运输是否可通行的条件。此处不考虑大件运输车辆通过前路面经历的累计轴载。此时大件运输车辆的轴线数即为现行《公路沥青路面设计规范》（JTG D50）中规定的当量设计轴载累计作用次数。借此反算无机结合料稳定层的层底拉应力及路基顶面竖向压应变。此外，考虑到无机结合料自身弯拉强度是材料承受弯拉应力的实际极限，因此取沥青路面无机结合料稳定层的层底拉应力容许值为一次性破坏时拉应力值与材料弯拉强度间的最小值。

E.1.2 大件运输车货总体荷载作用下的沥青路面力学参数宜采用弹性层状体系理论进行计算。

E.1.3 对于一线多轴和多轴线情况应采用图 E.1.3-1、图 E.1.3-2 的形式对 6m 范围内的轴载逐步进行叠加。

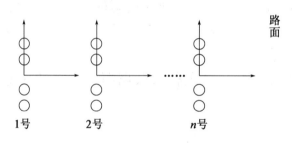

图 E.1.3-1　一线多轴荷载

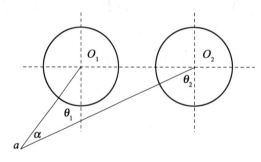

图 E.1.3-2　多个轴对称荷载下的主应力计算

条文说明

对以一线多轴和多轴线情况，荷载数量较多，很多情况下不能同时处理，因而采用叠加的加载模式。每次计算单轴线荷载，然后采用叠加的方法得到多轴线工作作用下的荷载应力。

E.1.4 应按现行《公路沥青路面设计规范》（JTG D50）计算大件运输车辆通过时的路基顶面压应变和无机结合料稳定层层底拉应力。

E.2 水泥混凝土路面

E.2.1 水泥混凝土路面的力学参数容许值应以大件运输车辆通过时发生一次性破坏进行验算。水泥混凝土面板临界荷位处产生的最大荷载应力容许值应按式 E.2.1-1 计算。

$$[\sigma_{p,max}] = f_r \gamma_r^{-1} - \sigma_{t,max} \quad (E.2.1-1)$$

式中：$[\sigma_{p,max}]$——水泥混凝土面板临界荷位处产生的最大荷载应力容许值，临界荷位为纵缝边缘中部；

f_r——水泥混凝土弯拉强度标准值（MPa）；

γ_r——可靠度系数，根据公路等级按现行《公路水泥混凝土路面设计规范》（JTG D40）进行取值；

$\sigma_{t,max}$——所在地区最大温度梯度在临界荷位处产生的最大温度翘曲应力（MPa），按现行《公路水泥混凝土路面设计规范》（JTG D40）进行计算。

E.2.2 大件运输车辆通过水泥混凝土路面时的力学参数宜采用弹性地基板理论，宜使用有限元模型进行计算。

条文说明

水泥混凝土面板与半刚性基层间竖向位移连续，水平方向设置为滑动状态。层间接触使用弹簧单元实现。基层和面层单元划分时，需要面层底部和基层顶面设置的单元尺寸一致，且结点所在位置一致，这样可使处于同一位置处上下结点建立一个接触对，使用弹簧单元对其进行连接。接触单元设置为仅有竖向的刚度，且刚度设置为较大值，保证竖向位移的连续性，不设置横向接触参数。

E.2.3 应根据大件运输车辆实际尺寸及类型布置轴载。

条文说明

大件运输车辆荷载要布置在使水泥混凝土面板产生最大荷载应力的位置。同时视情况考虑多辆大件运输车辆并行通过时的荷载布置。例如：一线一轴（当车宽取 2.5m 时）及一线两轴（当车宽取 3.0m 时），轴线间距 1.2m 时，最多可以布置 5 轴线；轴线距离为 1.3~1.6m 时，可以布置 4 轴线；轴线距离为 1.7~1.8m 时，可以布置 3 轴线。一线三轴车，车宽约 5.4m，因横向第三轴作用在另一块板，此种情况不予考虑，按一线两轴考虑。一线四轴车，车宽大于6m，左右两轴位于相邻板块，此种车型仅考虑作用于一块板上的两轴。

E.3 路面结构承载力验算法

E.3.1 路面结构力学参数的容许值与大件运输通过时路面结构力学参数的关系应满足本规范第8.2.2条的规定。

本规范用词用语说明

1 本规范执行严格程度的用词,采用下列写法:
1)表示很严格,非这样做不可的用词,正面词采用"必须",反面词采用"严禁";
2)表示严格,在正常情况下均应这样做的用词,正面词采用"应",反面词采用"不应"或"不得";
3)表示允许稍有选择,在条件许可时首先应这样做的用词,正面词采用"宜",反面词采用"不宜";
4)表示有选择,在一定条件下可以这样做的用词,采用"可"。

2 引用标准的用语采用下列写法:
1)在标准总则中表述与相关标准的关系时,采用"除应符合本规范的规定外,尚应符合国家和行业现行有关标准的规定"。
2)在标准条文及其他规定中,当引用的标准为国家标准和行业标准时,表述为"应符合《××××××》(×××)的有关规定"。
3)当引用本标准中的其他规定时,表述为"应符合本规范第×章的有关规定""应符合本规范第×.×节的有关规定""应符合本规范第×.×.×条的有关规定"或"应按本规范第×.×.×条的有关规定执行"。